中国石油天然气集团有限公司统编培训教材

石油天然气钻井井控培训教材

（现场一般操作人员）

《石油天然气钻井井控培训教材（现场一般操作人员）》编写组　编

石油工业出版社

内 容 提 要

本书共16章，主要包括井控基础知识、井控技术、井控设备以及井控应急等内容。本书具有较强的专业性、实用性和针对性，可作为钻井现场一般操作人员和其他操作人员的培训教材，其他相关人员也可阅读使用。

图书在版编目（CIP）数据

石油天然气钻井井控培训教材. 现场一般操作人员/《石油天然气钻井井控培训教材（现场一般操作人员）》编写组编. —北京：石油工业出版社，2024.3

中国石油天然气集团有限公司统编培训教材

ISBN 978-7-5183-6493-0

Ⅰ.①石…　Ⅱ.①石…　Ⅲ.①油气钻井-井控技术-技术培训-教材　Ⅳ.①TE242

中国国家版本馆 CIP 数据核字（2023）第 257191 号

出版发行：石油工业出版社
　　　　　（北京朝阳区安华里2区1号楼　100011）
　　　　　网　　址：www.petropub.com
　　　　　编辑部：（010）64269289
　　　　　图书营销中心：（010）64523633
经　　销：全国新华书店
印　　刷：北京晨旭印刷厂

2024年3月第1版　2024年3月第1次印刷
710×1000毫米　开本：1/16　印张：11.75
字数：226千字

定价：40.00元
（如出现印装质量问题，我社图书营销中心负责调换）
版权所有，翻印必究

《石油天然气钻井井控培训教材（现场一般操作人员）》编写组

主　　编：张　勇

副 主 编：史永伟　杨明利　李爱忠　刘　杨

编写人员：江泽帮　杜会宇　吕　辉　贾巍然
　　　　　郭云鹏　杨晓亮　徐欢欢　段小明
　　　　　高　丹　贾巍巍　李　兵　王海涛
　　　　　赵　鑫　黄　震　张津津　李　健
　　　　　翟洪志　张道华　赵江源　舒　畅
　　　　　常永涛　谢建安　王敦威　霍战港
　　　　　王　超　安　阳　刘　铮　杨　张
　　　　　张红侠　常　刚　王海燕　王　富
　　　　　王志刚　陈志伟　于　倩　王　冲
　　　　　王　俊　陈昱希

审定人员：张松杰　李德鸿　王建新　彭　利
　　　　　赵英杰　刘永峰　张永忠　雷　鸣
　　　　　张　勇　郝立军　党保元　李　慧
　　　　　刘国臣　王林忠　张潇月　赵春明
　　　　　彭茂桓　王佳宁　赵志远　章连年
　　　　　李　岩　苏铁钢　李　玮　卢少辉

序

企业发展靠人才，人才发展靠培训。当前，中国石油天然气集团有限公司（以下简称集团公司）正处在加快转变增长方式，调整产业结构，全面建设综合性国际能源公司的关键时期。做好"发展""转变""和谐"三件大事，更深更广参与全球竞争，实现全面协调可持续，特别是海外油气作业产量"半壁江山"的目标，人才是根本。培训工作作为影响集团公司人才发展水平和实力的重要因素，肩负着艰巨而繁重的战略任务和历史使命，面临着前所未有的发展机遇。健全和完善员工培训教材体系，是加强培训基础建设，推进培训战略性和国际化转型升级的重要举措，是提升公司人力资源开发整体能力的一项重要基础工作。

集团公司始终高度重视培训教材开发等人力资源开发基础建设工作，明确提出要"由专家制定大纲、按大纲选编教材、按教材开展培训"的目标和要求。2009年以来，由人事部牵头，各部门和专业分公司参与，在分析优化公司现有部分专业培训教材、职业资格培训教材和培训课件的基础上，经反复研究论证，形成了比较系统、科学的教材编审目录、方案和编写计划，全面启动了《中国石油天然气集团有限公司统编培训教材》（以下简称"统编培训教材"）的开发和编审工作。"统编培训教材"以国内外知名专家学者、集团公司两级专家、现场管理技术骨干等力量为主体，充分发挥地区公司、研究院所、培训机构的作用，瞄准世界前沿及集团公司技术发展的最新进展，突出现场应用和实际操作，精心组织编写，由集团公司"统编培训教材"编审委员会审定，集团公司统一出版和发行。

根据集团公司员工队伍专业构成及业务布局，"统编培训教材"按"综合管理类、专业技术类、操作技能类、国际业务类"四类组织编写。综合管理类侧重中高级综合管理岗位员工的培训，具有石油石化管理特色的教材，以自编方式为主，行业适用或社会通用教材，可从社会选购，作为指定培训教材；专业技术类侧重中高级专业技术岗位员工的培训，是教材编审的主体，按照《专业培训教材开发目录及编审规划》逐套编审，循序推进，计划编审300余门；操作技能类以国家制定的操作工种技能鉴定培训教材为基础，侧重主体专业（主要工种）骨干岗位的培训；国际业务类侧重海外项目中外员工的培训。

"统编培训教材"具有以下特点：

一是前瞻性。教材充分吸收各业务领域当前及今后一个时期世界前沿理论、先进技术和领先标准，以及集团公司技术发展的最新进展，并将其转化为员工培训的知识和技能要求，具有较强的前瞻性。

二是系统性。教材由"统编培训教材"编审委员会统一编制开发规划，统一确定专业目录，统一组织编写与审定，避免内容交叉重叠，具有较强的系统性、规范性和科学性。

三是实用性。教材内容侧重现场应用和实际操作，既有应用理论，又有实际案例和操作规程要求，具有较高的实用价值。

四是权威性。由集团公司总部组织各个领域的技术和管理权威，集中编写教材，体现了教材的权威性。

五是专业性。不仅教材的组织按照业务领域，根据专业目录进行开发，且教材的内容更加注重专业特色，强调各业务领域自身发展的特色技术、特色经验和做法，也是对公司各业务领域知识和经验的一次集中梳理，符合知识管理的要求和方向。

经过多方共同努力，集团公司"统编培训教材"已按计划陆续编审出版，与各企事业单位和广大员工见面了，将成为集团公司统一组织开发和编审的中高级管理、技术、技能骨干人员培训的基本教材。"统编培训教材"的出版发行，对于完善建立起与综合性国际能源公司形象和任务相适应的系列培训教材，推进集团公司培训的标准化、国际化建设，具有划时代意义。希望各企事业单位和广大石油员工用好、用活本套教材，为持续推进人才培训工程，激发员工创新活力和创造智慧，加快建设综合性国际能源公司发挥更大作用。

《中国石油天然气集团有限公司统编培训教材》

编审委员会

前言

在油气井勘探开发过程中，如果对压力控制不当，可能会发生溢流、井涌、井喷，甚至井喷失控、着火等井控事故，造成设备损毁、油气井报废、环境污染、油气资源被破坏，并威胁到作业人员、周围居民的生命安全。为落实《中国石油天然气集团有限公司井控管理规定》，进一步做好井控培训工作，按照《中国石油天然气集团有限公司井控培训管理办法》对不同培训对象进行分类培训的要求，集团公司组织编写了井控培训系列教材，并成立了以渤海钻探工程公司为主编单位、其他油气田和钻探企业共同参与的编写组。本书是其中一本。

本书包括16章，内容简洁、通俗、实用，符合现场一般操作人员和现场其他操作人员的井控知识需求，体现专业性、实用性，主要包括井控基础知识、井控技术、井控设备以及井控应急等内容。本书适用于钻井现场一般操作人员、现场其他操作人员的井控培训。

在编写过程中，渤海钻探工程公司职工教育培训分公司完成本书主要内容的编写和统稿工作，大庆油田有限责任公司、辽河油田公司、长庆油田公司、塔里木油田公司、青海油田公司、西部钻探工程公司、长城钻探工程公司和川庆钻探工程公司的相关井控专家参加了编写和审稿，也得到中国石油集团油田技术服务有限公司领导、专家的大力支持和帮助，在此一并表示感谢。

由于本书涵盖内容较多，不同企业在井控管理和所用井控设备等方面也存在一定差异，编写难度较大，且编者水平有限，书中难免存在不足和疏漏之处，敬请读者提出宝贵意见和建议。

编者

说 明

本书可作为中国石油天然气集团有限公司井控培训的专用教材。与以往的培训教材相比，本书突出了专业性、实用性，满足行业井控标准和不同油气田企业的需要。同时，借鉴了美国石油学会（API）、国际钻井承包商协会（IADC）、国际井控论坛（IWCF）及相关国际石油公司的井控标准及习惯做法。本书不仅适用于国内钻井现场一般操作人员和现场其他操作人员的井控培训，也可用于国际承包队伍相关人员的井控培训。根据《中国石油天然气集团有限公司井控管理规定》《中国石油天然气集团有限公司井控培训管理办法》及《中国石油天然气集团公司井控培训矩阵》的要求，井控培训应"分层次、分专业、分岗位"培训。本书主要是对从事围绕石油钻井的现场一般操作人员和现场其他操作人员进行针对性的井控培训。为便于正确使用本书，在此对本书内容适用的培训人员进行了划分，并规定了各类人员应该掌握或了解的主要内容。

本书主要适用人员：

（1）现场一般操作人员：井架工、内外钳工。

（2）现场其他操作人员：坐岗人员、钻井液大班、大班司机及电气师。

针对不同级别人员的培训要求及具体的教学内容，可参照《中国石油天然气集团公司井控培训矩阵》和教学大纲。在本书中，不同培训对象应掌握和了解的章节如下：

（1）现场一般操作人员，要求掌握所有章节内容。

（2）现场其他操作人员中的坐岗人员、钻井液大班，要求掌握第一章至第五章、第七章、第十四章的内容，同时应了解其他章节内容。

（3）现场其他操作人员中的大班司机及电气师，要求掌握第一章、第七章的内容，同时应了解其他章节内容。

各单位在教学中要密切联系生产实际，针对现场一般操作人员应采取以课堂、现场、模拟器、VR等相结合的教学和实践环节，并将防喷演习、井控装备结构原理、实际操作和典型案例作为培训重点，课时应占总课时的一半以上。建议根据本书内容，进一步收集和整理井控案例、施工过程的照片或视频，以进行辅助教学，从而提高教学效果。

目 录

第一章 井控概述 ·· 1
  第一节 井控及相关概念 ·· 1
  第二节 井喷失控的危害 ·· 4

第二章 井控相关压力 ·· 6
  第一节 压力的概念 ·· 6
  第二节 井下各种压力 ·· 8

第三章 溢流的原因、显示与预防 ·· 16
  第一节 溢流发生的原因 ·· 16
  第二节 溢流的显示 ·· 19
  第三节 溢流及早发现的重要性 ··· 23
  第四节 溢流的预防措施 ·· 24

第四章 气侵特性及其对井内压力的影响 ····························· 34
  第一节 天然气的基础知识 ·· 34
  第二节 气体侵入井内的方式及状态 ·································· 41
  第三节 气侵对井内压力的影响 ··· 43
  第四节 井内气体的膨胀与运移 ··· 44
  第五节 浅层气 ··· 49
  第六节 油基钻井液与气侵 ·· 52

第五章 关井程序与关井压力求取 ·· 54
  第一节 关井方法 ·· 54
  第二节 常规关井程序 ··· 57
  第三节 关井中容易出现的错误 ··· 60

第四节　关井压力及相互关系 …………………………………… 61
　　第五节　关井立压的确定 ………………………………………… 63
第六章　常规压井方法简介 …………………………………………… 66
　　第一节　压井原理 ………………………………………………… 66
　　第二节　常规压井程序 …………………………………………… 67
第七章　井控设备概述 ………………………………………………… 71
　　第一节　井控设备的功能 ………………………………………… 71
　　第二节　井控设备的组成 ………………………………………… 72
　　第三节　液压防喷器简介 ………………………………………… 73
第八章　环形防喷器 …………………………………………………… 76
　　第一节　环形防喷器概述 ………………………………………… 76
　　第二节　锥形胶芯环形防喷器 …………………………………… 79
　　第三节　球形胶芯环形防喷器 …………………………………… 80
　　第四节　分流器 …………………………………………………… 82
　　第五节　环形防喷器的正确使用 ………………………………… 84
第九章　闸板防喷器 …………………………………………………… 86
　　第一节　闸板防喷器概述 ………………………………………… 86
　　第二节　闸板防喷器的结构及特点 ……………………………… 87
　　第三节　闸板防喷器的工作原理与密封 ………………………… 98
　　第四节　闸板防喷器的正确使用 ………………………………… 100
第十章　液压防喷器控制装置 ………………………………………… 102
　　第一节　控制装置概述 …………………………………………… 102
　　第二节　FKQ640-7控制装置简介 ……………………………… 105
第十一章　井控管汇 …………………………………………………… 112
　　第一节　井控管汇概述 …………………………………………… 112
　　第二节　节流管汇与压井管汇 …………………………………… 114
　　第三节　节流控制箱 ……………………………………………… 116
　　第四节　井控管汇主要阀门 ……………………………………… 119

| 第五节 | 井控管汇的其他管线 | 126 |
| 第六节 | 井控管汇的正确使用 | 128 |

第十二章 钻具内防喷工具 130
第一节	旋塞阀	130
第二节	钻具止回阀	133
第三节	防喷单根与防喷立柱	138
第四节	钻具内防喷工具的正确使用	139

第十三章 套管头、钻井四通与法兰 141
| 第一节 | 套管头 | 141 |
| 第二节 | 钻井四通与法兰 | 145 |

第十四章 井控辅助设备 150
第一节	除气设备	150
第二节	钻井液液面监测装置	153
第三节	灌注钻井液装置	155
第四节	远程点火装置	157

第十五章 井控设备的安装、试压与维护 161
第一节	井控设备的安装要求	161
第二节	井控设备的试压	165
第三节	井控设备橡胶密封件的存放	166

第十六章 井喷失控现场应急知识 168
| 第一节 | 现场应急措施 | 168 |
| 第二节 | 井喷失控的应急抢险基本步骤 | 169 |

附录 常用公英制单位换算 173

参考文献 174

第一章 井控概述

在石油钻井作业过程中,对油气井的压力控制(简称为井控)是极为重要的作业环节。当地层流体(包括油、气、水)无控制地进入井内,就会发生溢流或井喷,从而会使井下情况逐步复杂化,导致无法进行正常的钻井施工,最终被迫实施压井作业,不仅会对油气层造成不同程度的损害,还会因处理不当导致井喷失控。

随着油气勘探开发领域的不断延伸扩大,越来越多的超深高温高压及高含硫油气井投入开发,钻井作业难度越来越高,对钻井人员的井控技术水平和井控应急处置能力的要求也越来越高。因此,要想安全、优质、高效地实施钻井作业,就必须做好井控工作。只有提高井控意识、掌握井控技术、增强井控技能,才能在施工过程中具备有效到位的过程掌控能力,从而具备有效实施近平衡压力钻井,最大限度地发现、保护和解放油气层的能力。

第一节 井控及相关概念

一、井控的概念

井控,就是采用一定的方法平衡地层孔隙压力,即油气井的压力控制。在钻井过程中,通过维持足够的井筒内的压力以平衡或控制地层压力,防止地层流体进入井内,保证钻井作业安全顺利地实施。

井控作业要从钻井目的和一口井整个生产年限来考虑,既要完整地取得各种地质资料,又要有利于发现油气田、保护油气层、提高采收率、延长油气井的寿命。因此,井控技术不仅仅是防止井喷,还是保护油气层、实施近平衡压力钻井、提高钻井速度的重要保证。

二、与井控相关的概念

1. 井侵

井侵是指地层孔隙中的流体（油、气、水）侵入井内的现象。

2. 溢流

溢流是指当地层孔隙压力大于井底压力时，因地层流体侵入井内引起井口返出的钻井液量比泵入量大，或停泵后井口钻井液自动外溢的现象。

3. 井涌

井涌是指溢流进一步发展，钻井液涌出井口或防溢管口的现象。

4. 井喷

井喷是指井涌进一步发展，地层流体持续无控制地进入井内涌出井口的现象。一般井内流体喷出转盘面2m以上就称为井喷。

井喷流体自地层经井筒喷出地面称为地面井喷；溢流关井后，将某一薄弱层压破，高压层流体大量流入被压裂地层的现象称为地下井喷。

5. 井喷失控

发生井喷后，无法用井口防喷装置进行有效控制而出现敞喷的现象称为井喷失控。

井侵、溢流、井涌、井喷、井喷失控反映了井底压力与地层压力失去平衡后，随着时间的推移，井口所出现的几种现象及事态发展变化的不同阶段和严重程度。

三、井控作业分级

1. 一次井控

一次井控是指井内采用适当的钻井液密度来控制地层孔隙压力，使得没有地层流体进入井内，溢流量为零。做好一次井控，关键在于钻前要准确地预测地层孔隙压力、地层破裂压力和地层坍塌压力，从而确定合理的井身结构和准确的钻井液密度。在钻井过程中，要做好随钻地层压力监测工作，根据地层压力的监测结果及时对钻井液密度进行调整，并结合地层的实际承压能力，进一步完善井身结构和工艺技术。

2. 二次井控

二次井控是指井内使用的钻井液密度不能平衡地层压力，地层流体进入井内，地面出现溢流，这时要依靠井控设备和适当的井控技术来处理和排除地层流体的侵入，使井重新恢复压力平衡。二次井控的核心就是要做好"三早"，即早发现、早关井、早处理。

早发现：溢流发现得越早，进入井内的地层流体就越少，更方便控制和处理。

早关井：发现溢流或怀疑溢流时，应停止作业，立即实施关井。

早处理：关井后要准确录取溢流数据和填写压井施工单，尽快进行压井作业。

3. 三次井控

三次井控是指二次井控失败，溢流量持续增大，发生了井喷或井喷失控，这时要使用适当的技术和设备重新恢复对井的控制，达到一次井控状态。

通常情况下，力求一口井保持一次井控状态，同时做好一切应急准备，一旦发生井涌和井喷能迅速做出反应，及时加以处理，尽快恢复正常钻井作业。

四、三高油气井的定义

Q/SY 02552—2022《钻井井控技术规范》中规定，三高油气井是指符合高含硫油气井、高压油气井、高产油气井条件之一的油气井。

1. 高含硫油气井

地层天然气中硫化氢含量不小于 $1500mg/m^3$（1000ppm）的油气井称为高含硫油气井。

2. 高压油气井

地层压力不小于 70MPa 的油气井称为高压油气井。

3. 高产油气井

天然气测试产量不小于 $50×10^4 m^3/d$ 的气井，油气测试产量当量不小于 500t/d 的油井称为高产油气井。

第二节 井喷失控的危害

大量的井喷失控实例告诉我们,井喷失控是钻井工程中性质严重、损失巨大的灾难性事故,其危害可概括为以下五个方面。

一、人员伤亡

井喷失控会使井内钻具上顶、井口工具飞出伤害作业人员,与井架等设备撞击会引发着火、爆炸等,威胁作业人员的人身安全,易造成人员伤亡;若喷出流体中含有硫化氢、一氧化碳等有毒有害气体,易导致现场作业人员和井场周围群众中毒,影响其身体健康和生命安全。例如:某井完井阶段,在处理电缆落井的井下复杂过程中,发生井喷失控着火事故,造成死亡2人,伤16人;某井在处理溢流险情时,发生地下井喷,含硫化氢天然气通过煤层裂隙窜入附近煤矿矿井里,致使作业的采煤工人11人死亡,1人烧伤,6人严重中毒。

二、设备损毁

在钻开油气层的过程中,尤其是在天然气井井喷过程中如果处理方法和措施不当,极易引起井喷失控着火、爆炸及井场下陷等灾难性事故,造成井架、底座等钻井设备被烧毁或沉入地下等。例如:某井在取心起钻途中发生溢流,由于操作不当,未能有效控制井口,发生井喷,3min后井喷失控着火,导致井架底座、大钩、水龙头、转盘、井口防喷器组及节流管汇等设备烧毁报废。

三、资源破坏

井喷失控将造成油气储量的损失,严重的可导致产层生产能力破坏或储量枯竭,使油气层不再具有工业开采价值。例如:某井发生井喷失控,气量超过$1000×10^4 m^3/d$,损失天然气达$4.61×10^8 m^3$,占到该气田总储量的62%,

第一章　井控概述

因井喷致使该气田几乎失去开采价值。

四、环境污染

井喷失控导致井内流体喷出地面，对环境造成极大破坏。污染可分为3个方面：一是油气污染大气环境，表现为油气挥发物与其他有害气体被太阳紫外线照射后，发生理化反应或燃烧生成化学烟雾，产生致癌物，破坏臭氧层和产生温室效应等；二是污染土壤，导致寸草不生；三是污染地下水，破坏水资源。例如：1985年，某国发生一起井喷失控事故，两天后爆炸着火。该井压力达到80MPa并且含有高浓度的硫化氢，该井在13个月后才完全被控制住。据测算，井喷共造成约 $430×10^4$ t 石油、$17×10^8 m^3$ 天然气喷出，井喷着火导致约890t硫化物和超过 $90×10^4$ t 烟尘排放到大气中。

五、社会影响

井喷失控将打乱油区的正常工作秩序，影响全局生产。一旦井喷失控，将立即启动井控应急预案，成立相应的指挥组、技术组、保障组等应急机构，全面组织指挥抢险工作。不仅油气田的主要领导要专注进行组织指挥工作，必要时还需其他油田、地方政府的支援，动用消防车辆，组织抢险队伍等。井喷失控涉及面广，会引起新闻媒体、社交平台、人民群众的广泛关注，处理不当很可能成为地区或全国性的舆情事件，极易造成不良的社会影响，甚至是国际影响。

第二章 井控相关压力

第一节 压力的概念

压力是井控工作中最主要的概念之一。正确理解井下各种压力的概念及其相互关系,对于掌握井控技术和防止井喷是非常重要的。

一、压力的定义

在石油工业中,常用压力代替压强,即物体单位面积上受到的垂直力。压力与力和受力面积有关,力是由物体的重量引起的,当物体的重量一定时,其大小取决于受力面积。

二、压力的数学表达式

例如,将一个圆柱体垂直放置于一个静止的桌面上,其作用在桌面上的力等于它的重量,即重力 G,方向向下。同时,桌子在相反的方向也给予圆柱体相同的力。如图 2-1 所示,此时圆柱体作用于桌面的压力 p 的大小,取决于该圆柱体的底面积 S,圆柱体的压力就是圆柱体的重力 G 与其底面积 S 的商。设作用于底面积 S 上的垂直力为 F,则其表达式如下:

$$p = \frac{F}{S} = \frac{G}{S} \tag{2-1}$$

式中 p——作用于桌面的压力,N/m^2;

F——作用于面积 S 上的垂直力,N;

S——圆柱体底面积,m^2;

G——圆柱体的重力,N。

第二章　井控相关压力

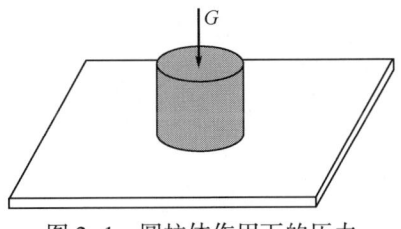

图 2-1　圆柱体作用下的压力

三、压力的单位及换算

压力的国际（单位制）单位是帕斯卡（Pa）。1Pa 是 $1m^2$ 面积上受到 1N 的垂直方向的力时形成的压强，即

$$1Pa = 1N/m^2$$

由于 Pa 单位较小，钻井现场常用到的压力单位是千帕（kPa）或兆帕（MPa），它们之间的关系是：

$$1kPa = 1000Pa$$
$$1MPa = 1000kPa = 1 \times 10^6 Pa$$

压力与工程大气压（kgf/cm^2）的换算关系是：

$$1MPa = 10.194 kgf/cm^2$$
$$1kgf/cm^2 = 98.067 kPa$$

粗略计算时，可认为：

$$1kgf/cm^2 = 100kPa = 0.1MPa$$
$$1MPa = 10kgf/cm^2$$

压力的国际工程单位是巴（bar），它的换算关系为：

$$1bar = 1.020 kgf/cm^2 \approx 1kgf/cm^2 = 0.1MPa$$

压力的英制单位是 lbf/in^2（psi），即 $1in^2$ 面积上受到 1lbf 的垂直方向的力，与 MPa 的换算关系为：

$$1000psi = 6.895MPa$$
$$1MPa = 145.038psi$$

粗略计算时，可认为：

$$1000psi = 7MPa$$

例如，液压防喷器额定工作压力为 35MPa，对应的就是英制单位中 5000psi 这一压力级别。

第二节 井下各种压力

一、静液压力

1. 静液压力和静液压力梯度的定义

静液压力是由静止液体的重力产生的压力，其大小取决于液体的密度和液体的垂直高度，与液柱的横向尺寸及形状无关。

静液压力梯度是指每增加单位垂直深度静液压力的变化量。静液压力梯度受液体密度、含盐浓度、气体的浓度以及温度梯度的影响，含盐浓度高会使静液压力梯度增大，溶解气体量增加和温度升高则会使静液压力梯度减小。

2. 静液压力的计算

$$p = \rho g H \tag{2-2}$$

式中　p——静液压力，kPa；

　　　ρ——液体密度，g/cm^3；

　　　g——重力加速度，9.81m/s^2；

　　　H——液柱的垂直高度，m。

在陆上钻井作业中，H 为井眼的垂直深度，起始点自转盘面算起，液体的密度为钻井液的密度。

例1　某直井钻至井深3000m处，所用钻井液密度为1.30g/cm^3，求井底处的静液压力。

解：$p = \rho g H = 1.3 \times 9.81 \times 3000 \div 1000 = 38.259 \text{(MPa)}$

3. 静液压力梯度的计算

根据压力梯度的定义可知，静液压力梯度的计算公式为：

$$G = p/H = \rho g \tag{2-3}$$

式中　G——静液压力梯度，kPa/m；

　　　p——静液压力，kPa；

　　　H——液柱的垂直高度，m；

第二章 井控相关压力

ρ——液体密度，g/cm³；

g——重力加速度，9.81m/s²。

用静液压力梯度计算静液压力的公式为：

$$p = GH \tag{2-4}$$

式中　p——静液压力，kPa；

G——静液压力梯度，kPa/m；

H——液柱的垂直高度，m。

例2　某直井钻至井深3600m处，所用钻井液密度为1.50g/cm³，试计算井内静液压力梯度，并通过压力梯度计算井底处的静液压力。

解：$G = \rho g = 1.5 \times 9.81 = 14.715 (\text{kPa/m})$

$p = GH = 14.715 \times 3600 = 52974 (\text{kPa}) = 52.974 (\text{MPa})$

二、当量钻井液密度

1. 当量钻井液密度的定义

将井内某一位置所受各种压力之和（静液压力、回压、环空压力损失等）折算成钻井液密度，称为这一点的当量钻井液密度。

把地层压力、地层破裂压力、循环压力折算成钻井液密度，分别称为地层压力当量钻井液密度、地层破裂压力当量钻井液密度、循环压力当量钻井液密度。

2. 当量钻井液密度的计算

$$\rho_e = \frac{p}{0.00981H} \tag{2-5}$$

式中　ρ_e——当量钻井液密度，g/cm³；

p——压力，MPa；

H——井深，m。

例3　某井垂深2800m，井底压力为35.82MPa，试计算井底压力当量钻井液密度。

解：

$$\rho_e = \frac{35.82}{0.00981 \times 2800} = 1.30 (\text{g/cm}^3)$$

三、地层压力

1. 地层压力的定义

地层压力是指地下岩石孔隙内流体的压力,也称地层孔隙压力。

2. 地层压力的表示方法

(1) 用压力的单位表示,这是一种直接表示法。如:地层压力为42MPa。

(2) 用压力梯度表示。

例4 已知地层压力当量钻井液密度为$1.24g/cm^3$,试计算地层压力梯度。

解:$G = \rho g = 9.81 \times 1.24 = 12.164 (kPa/m)$

例5 已知地层压力是30MPa,地层深度为2000m,试计算地层压力梯度。

解:$G = p/H = 30 \times 1000 \div 2000 = 15 (kPa/m)$

(3) 用当量钻井液密度表示。

例6 某井2000m处的地层压力为24MPa,试计算地层压力当量钻井液密度。

解:

$$\rho_e = \frac{p}{0.00981H} = \frac{24}{0.00981 \times 2000} = 1.22 (g/cm^3)$$

(4) 用压力系数表示。压力系数是某点压力与该点淡水静液压力之比,量纲为1,其数值等于该点的当量钻井液密度。如:2000m处地层的压力系数为1.22。

3. 地层压力的分类

1) 正常地层压力

在各种沉积物中,地层某点的正常地层压力等于从地表到地下该点连续地层水的静液压力,其值的大小与沉积环境有关。一类是淡水和淡盐水盆地,淡水密度是$1.00g/cm^3$,形成的压力梯度为9.8kPa/m;另一类是盐水盆地,其密度随含盐量的不同而变化,一般为$1.07g/cm^3$,形成的压力梯度为10.5kPa/m,这相当于总含盐量为80g/L的盐水柱在25℃时的压力梯度。按习惯,把压力梯度为9.8~10.5kPa/m或地层压力当量钻井液密度为1.00~$1.07g/cm^3$的地层称为正常压力地层。正常地层压力与钻井液静液压力的示例,如图2-2所示。

第二章 井控相关压力

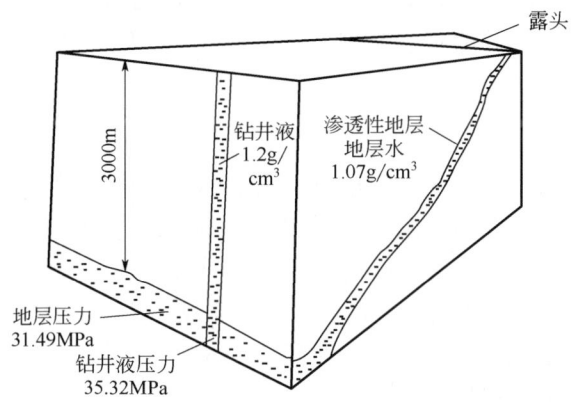

图 2-2 正常地层压力与钻井液静液压力

2）异常高压

地层压力梯度大于正常压力梯度时，称为异常高压。地层压力正常或者接近正常，则地层流体必须一直与地面连通。这种通道常常被封闭层或隔层截断，在这种情况下，隔层下部的地层流体必须支撑上部岩层，岩石密度高于地层流体，所以地层压力可能超过流体静液压力，形成异常高压地层。

3）异常低压

地层压力梯度小于正常压力梯度时，称为异常低压。这种情况多发生于衰竭产层和大孔隙的老油区地层。

四、波动压力

井内钻具或流体上下运动而引起井底压力增加或减少的压力值称为波动压力。波动压力主要包括抽汲压力和激动压力。抽汲压力和激动压力是两个类似的概念，抽汲压力是负值，即向井口方向的力；激动压力是正值，即向井底方向的力。

1. 抽汲压力

抽汲压力发生在井内上提管柱时，由于管柱上提，会引起钻井液向下流动，以填充管柱下端因上提而空出来的井眼空间。这部分钻井液流动时受到流动阻力的影响，使得井内钻井液不能及时充满这部分井眼空间，从而在管柱下方形成抽汲空间，其结果是降低了有效的井底压力。

抽汲压力就是由于上提管柱而使井底压力减小的压力，其数值等于阻挠钻井液向下流动的流动阻力值。一般情况下抽汲压力当量钻井液密度为 0.03~0.13g/cm³，国外要求起管柱时，把抽汲压力当量钻井液密度控制在 0.036g/cm³ 左右。

2. 激动压力

激动压力主要产生于下放管柱时，由于管柱下行，将挤压其下方的钻井液，使其产生向上的流动。由于钻井液向上流动时要克服流动阻力的影响，结果导致井壁与井底也承受了该流动阻力，使得井底压力增加。开泵时钻井液流动受到阻力，增大井底压力，也会产生激动压力。

激动压力是由于下放钻柱而使井底压力增加的压力，其数值等于阻挠钻井液向上流动的流动阻力值。

3. 影响波动压力的因素

起下管柱过程中，影响波动压力大小的因素主要有：

（1）管柱的起下速度。速度越快，波动压力越大；管柱起下时猛提猛刹的惯性也会造成压力的波动。

（2）管柱与井眼之间的环空间隙。环空间隙越小，波动压力越大。若钻头或稳定器泥包，波动压力会更加严重。

（3）管柱的长度。管柱越长，波动压力越大。

（4）钻井液性能。密度越大、黏度越高、静切力越大，波动压力越大。

（5）井眼轨迹。井眼轨迹越复杂，对波动压力影响越大。

因此在起下钻和下套管时，要控制起下速度，不要过快，刹把操作要平稳，严禁猛提猛刹。在钻开高压油气层和钻井液性能不好时，更应注意。起钻前要处理和循环好钻井液，使其性能均匀，具有良好的流变性。起下钻遇到阻卡、发生缩径或泥包时要正确处理，防止引起过大的波动压力。

五、循环压力损失与环空压耗

1. 循环压力损失

循环压力损失是指钻井液在循环系统中流动所克服的摩擦阻力，包括地面管汇压力损失、钻柱内压力损失和环空压力损失，在数值上等于钻井液循环泵压。该压力损失大小取决于钻柱长度和钻井液密度、黏度、切力、排量和流通面积。任何时候钻井液通过管汇、钻具、钻头喷嘴或节流管汇均要产生压力损失。通常，大部分压力损失发生在钻井液通过钻头喷嘴时，循环排量的变化也会引起循环泵压较大的变化。

2. 环空压耗

环空压耗是指在钻井过程中，钻井液沿环空向上流动时所产生的压力损失。在钻井泵克服这个流动阻力推动钻井液向上流动时，井壁和井底也承受了该流动阻力，因此，井底压力增加。钻井液停止循环时，流动阻力消失，井底压力又恢复为静液压力。钻井液在环空中上返速度越快、井越深、井眼越不规则、环空间隙越小，且钻井液密度、黏度、切力越高，则环空压耗越大；反之，则环空压耗越小。

六、井底压力

在钻井作业中，始终有压力作用于井底，主要来自钻井液的静液压力。同时，将钻井液沿环空向上泵送时所消耗的泵压（即循环钻井液时的环空压耗），也作用于井底。其他还有侵入井内的地层流体的压力、激动压力、抽汲压力、地面回压等，也会影响井底压力的大小。

井底压力就是指地面和井内各种压力作用在井底的总压力。在不同作业情况下，井底压力是不一样的，掌握不同工况下井底压力的构成是实施井控作业的基础。

1. 静止状态时的井底压力

井底压力=静液压力。

静止状态下，井底压力主要由钻井液的静液压力构成，钻井液的静液压力主要受钻井液密度和井内液柱垂直高度的影响。油气活跃的井，要注意井内钻井液长期静止时，地层中气体的扩散效应会对井内钻井液当量密度有所影响，最终有可能影响井底压力。另外，静止状态下，要监测井口液面，防止液柱高度降低影响井底压力。

2. 正常循环时的井底压力

井底压力=静液压力+环空压耗。

井内流体循环时，环空压耗会使井底压力增加，过大的环空压耗可能引起井眼漏失；一旦停止循环，环空压耗的消失会使井底压力下降，同样影响井内的压力平衡。

3. 节流循环时的井底压力

井底压力=静液压力+环空压力损失+节流阀回压。

节流循环除气或压井循环时，通过调节节流阀的不同开启程度，形成一定的井口回压，该回压也会作用于井底，从而保持井底压力平衡地层压力。

4. 起钻时的井底压力

井底压力＝静液压力－抽汲压力。

由于抽汲压力的影响，起钻时的井底压力会下降，在正常钻进时井底压力能够平衡地层压力的井，起钻时就可能因井内压力失衡而发生溢流。因此，起钻时要判断并控制抽汲压力，减小其对井底压力的影响。

5. 下钻时的井底压力

井底压力＝静液压力＋激动压力。

由于激动压力的产生，使得下钻时的井底压力增大，虽不至于直接引发井控问题，但过大的激动压力可能导致薄弱地层发生漏失，液柱高度下降致使静液压力和井底压力降低，从而引发井控问题。

6. 关井时的井底压力

井底压力＝静液压力＋地面回压。

发生溢流后要及时关井，形成足够的地面回压，使井底压力能够重新平衡地层压力。地面回压作用于井口设备和整个井筒，因此要求井口设备具有足够的承压能力和密封性，地面回压过高会破坏井筒的完整性，所以关井地面回压必须控制在最大允许关井压力值以内。

七、井底压差

井底压差是井底压力与地层压力的差值。如果井底压力大于地层压力，则为正压差，井底为过平衡或近平衡；如果井底压力小于地层压力，则为负压差，井底为欠平衡。在钻井过程中，井底压差是影响机械钻速的主要因素之一。为保护油气层及提高机械钻速，通常采用近平衡压力钻井。

八、安全附加值

在近平衡压力钻井中，钻井液密度的确定，是以地层孔隙压力为基准，再增加一个安全附加值，以保证作业安全。因为在起钻时，由于抽汲压力的影响会使井底压力降低，而降低上提钻柱的速度等措施只能减小抽汲压力，但不能消除抽汲压力。因此，需要给钻井液密度或井底压力附加一定的安全附加值来抵消抽汲压力等因素对井底压力的影响。

（1）油井、水井密度附加 $0.05\sim0.10\text{g/cm}^3$，或增加井底压差 $1.5\sim3.5\text{MPa}$。

（2）气井密度附加 $0.07\sim0.15\text{g/cm}^3$，或增加井底压差 $3.0\sim5.0\text{MPa}$。

（3）煤层气井密度附加 $0.02\sim0.15\text{g/cm}^3$。

具体选择安全附加值时，应根据实际情况考虑地层孔隙压力预测精度、预测油气水层的产能、油气水层的埋藏深度、地层油气中硫化氢的含量、地层坍塌压力和地层破裂压力、井控装置配套等情况。含硫化氢等有害气体的油气层钻井液密度设计，其安全附加值或安全附加压力值宜取上限。

九、其他相关压力概念

1. 泵压

泵压是指钻井泵出口端的钻井液压力，是克服地面管汇和钻柱内压力损失、钻头水眼处压降及环空压耗做功所需要的压力。如果环空与管柱内的液柱压力不平衡，也会影响到泵压。

2. 立管压力

立管压力（简称立压）在现场是指立管压力表上所记录的压力。

正常钻进及循环作业时，立压的大小主要与泵排量、钻具及钻头水眼截面积、钻井液性能等因素有关。此时的立管压力称为循环立压。

溢流关井后，钻柱内钻井液静液压力若不能平衡地层压力，在立管压力表上显示的压力值称为关井立管压力（简称关井立压），即钻柱内静液压力平衡地层压力所欠的值。关井立压的大小与液柱压力、地层压力、圈闭压力等因素有关。

3. 套管压力

套管压力（简称套压）是在井口（一般在节流管汇上）记录到的环空压力数值。

常规近平衡钻井过程中，不存在套管压力，即套管压力为 0。

发生溢流关井后，由于环空静液压力不能平衡地层压力，在套压表上显示的压力值称为关井套管压力（简称关井套压），即环空液柱压力平衡地层压力所欠的值。关井套压的大小与溢流量、钻井液密度、地层压力、圈闭压力等因素有关。

第三章 溢流的原因、显示与预防

第一节 溢流发生的原因

在钻井作业过程中，会发生溢流，势必有地层流体进入了井内，地层流体向井眼内流动必须具备以下两个条件：
（1）井底压力小于地层压力。
（2）地层具有允许流体流动的条件。

当井底压力比地层压力小时，就存在着负压差值，在这种条件下遇到高孔隙度、高渗透率或裂缝等连通性好的地层，就可能发生溢流。地层孔隙度和渗透率越高，负压差值越大，则溢流就越严重。从溢流所需具备的两个条件不难看出，地层具有允许流体流动的条件是地层性质决定的，因此发生溢流的最本质的原因是：井底压力小于地层压力。井底压力的降低或地层压力的升高（地层压力异常），都会影响井底压力和地层压力之间的差值，从而导致溢流的发生。

一、井底压力降低

在不同工况下，井底压力是由一种或多种压力构成的一个合力。因此，任何一个或多个引起井底压力降低的因素，都有可能导致溢流的发生。导致井底压力降低的主要原因有：
（1）起钻时井内未灌满钻井液。
（2）井眼漏失。
（3）钻井液密度低。
（4）起钻抽汲。

第三章　溢流的原因、显示与预防

1. 起钻时井内未灌满钻井液

起钻过程中，由于钻柱的起出，钻柱在井内的体积减小，井内的钻井液液面下降，从而导致静液压力及井底压力降低，因此溢流就可能发生。根据起钻卸开钻具后有无钻井液外泄的现象可以分为两种：一是起钻卸扣时，钻具水眼内无钻井液外泄现象，此时的起钻操作称为干起；二是由于钻柱水眼堵塞或其他原因，在起钻卸扣后发生钻具水眼内钻井液外泄现象，该起钻操作称为湿起。干起更有利于溢流的及时正确发现。

起钻过程中，需要及时准确地向井内灌满钻井液以维持足够的静液压力。灌入的钻井液体积应等于起出的钻具体积。

干起时，起出的钻具体积，就是钻具的排替量，即钻具本身体积所代换的等量钻井液体积。对于普通尺寸的钻杆和钻铤，应以钻具体积表的数据为准，也可由下面的公式计算：

$$V_{排} = 7.854 \times 10^{-7} \times (r_{外}^2 - r_{内}^2) \tag{3-1}$$

式中　$V_{排}$——钻具排替量，m^3/m；

$r_{外}$——钻具本体外径，mm；

$r_{内}$——钻具水眼内径，mm。

钻具排替量取决于每段钻具的长度、本体外径、水眼内径，由于受钻杆接箍和内外加厚等因素的影响，计算结果与实际有一定的误差。常用标准钻杆排替量参见表3-1。

表3-1　常用标准钻杆排替量

尺寸规格 mm(in)	壁厚 mm	名义质量 kg/m	每米排替量 L/m	组成27.4m长立柱时排替量，L			
				一柱	三柱	五柱	十柱
73.0 (2⅞)	5.5	10.20	1.39	38	114	190	381
	9.2	15.49	2.07	57	170	284	567
88.9 (3½)	6.5	14.15	1.95	53	160	267	534
	9.3	19.81	2.63	72	216	360	721
	11.4	23.08	3.06	84	252	419	838
114.3 (4½)	6.9	20.48	2.87	79	236	393	786
	8.6	24.72	3.38	93	278	463	926
	10.9	29.79	4.05	111	333	555	1110
127.0 (5)	7.5	24.18	3.36	92	276	460	921
	9.2	29.04	3.92	107	322	537	1074

续表

尺寸规格 mm(in)	壁厚 mm	名义质量 kg/m	每米排替量 L/m	组成27.4m长立柱时排替量,L			
				一柱	三柱	五柱	十柱
139.7 (5½)	9.2	32.59	4.02	110	330	551	1101
	10.5	36.80	4.54	124	373	622	1244

湿起时灌入的钻井液体积应等于所起出钻具的排替量与内容积之和。对于钻具的内容积，可以从钻具体积表中查出，也可以用下面的公式来计算：

$$V_{内} = 7.854 \times 10^{-7} \times r_{内}^2 \qquad (3-2)$$

式中　$V_{内}$——钻具内容积，m^3/m；

$r_{内}$——钻具水眼内径，mm。

此时，灌浆量的值为：

$$V_{灌} = V_{排} + V_{内} = 7.854 \times 10^{-7} \times r_{外}^2 \qquad (3-3)$$

在湿起时需注意：钻具卸扣后水眼内钻井液外泄，难免会有部分钻井液流回井眼，因此灌入钻井液体积与理论值可能有较大误差，对溢流的监测与及时发现造成较大的影响。

2. 井眼漏失

由于钻井液密度过高或下钻时的激动压力，使得作用于地层上的压力超过地层的破裂压力或漏失压力而发生漏失。在深井、小井眼井里使用高黏度的钻井液钻进时，环空压耗过高也可能引起循环漏失。另外，在压力衰竭的砂层、疏松的砂岩以及天然裂缝的碳酸盐岩中漏失也是很普遍的现象。由于大量钻井液漏入地层，引起井内液柱高度下降，从而使静液压力和井底压力降低，导致溢流的发生。

3. 钻井液密度低

钻井液密度低是导致溢流最常见的原因。出于保护油气层的考虑，为了获得高的机械钻速，处理或预防压差卡钻都可能使用较低密度的钻井液；施工中钻井液受到油侵、气侵、水侵的污染；处理钻井液时，加入过量低密度钻井液处理剂，或使用离心机等固控设备将钻井液中的加重材料清除过多，都会使钻井液密度降低。钻井液密度降低会使井筒内静液压力减小，若井底压力不能平衡地层压力，就会导致溢流的发生。

4. 起钻抽汲

起钻时钻井液黏附在钻具外壁上并随钻具上移，同时钻井液要向下流动，

第三章　溢流的原因、显示与预防

填补钻具上提之后的下部空间，由于钻井液的流动没有钻具上提得快，就会产生抽汲作用，这样就会在钻头下方造成一个抽汲空间并产生压力降，地层流体因抽汲作用会进入井内，受污染的钻井液当量密度下降，当井底压力低于地层压力时，就会造成溢流。只要进行起钻作业，抽汲作用就会产生。除起钻速度对抽汲压力大小有影响外，钻具环形空间大小、钻井液的黏度和静切力等性能、管柱结构、井眼轨迹与井眼尺寸、井深等都会对抽汲压力的大小造成影响。

二、地层压力异常

钻遇异常压力地层时并不一定会直接引起溢流。如果钻井液密度低或其他原因造成井底压力小于地层压力，则会引起溢流发生。地层压力异常的原因主要有：

（1）在预探井、调整井，裂缝性碳酸盐岩地层和其他硬地层，钻井前对地层压力难以准确掌握。

（2）开发区域的注水、注气使地层压力升高。

（3）其他原因造成高压层流体流窜到上部地层。

存在地层压力异常，就可能导致钻井施工时，用比较低的钻井液密度打开高压层，进而导致溢流的突然发生。

第二节　溢流的显示

发生溢流就可以观测到溢流的一些显示，在钻井现场可观察到一些由井下反映到地面的信号，识别这些信号对及时发现溢流十分重要。有些显示并不能确切证明是溢流，但它却可警告可能发生了溢流。根据一些显示对监测溢流的重要性和可靠性，可将溢流的显示分为直接显示和间接显示两大类。

一、直接显示

1. 钻井液返出量增加

正常钻进和循环时，当泵排量没有改变，钻井液的返出量与泵入量应基本相等。当地层流体流入井内，液量的增加提高了钻井液在环空的上返速度，就会出现返出量大于泵入量的现象。侵入井内的天然气临近井口时因压力降低而快速膨胀，更会使出口管线内返出的钻井液流量增加和流速加快。

2. 钻井液循环罐液面上升

钻井液循环是在一个相对封闭的循环系统中进行的，正常循环期间液面基本保持不变。如果地面未对钻井液进行处理，罐内钻井液液面升高，就可以确定为井内发生了溢流。溢流量的大小取决于溢流时间长短，同时也与地层的渗透率、孔隙度和井底压差有关。地层渗透性好、孔隙度大，地层流体向井内流动快；反之流动慢。井底欠平衡量越大，溢流越严重。地层流体进入井内的条件不同，液面升高的速度也不同。钻井液循环罐液面升高有以下几种形式：

（1）钻开高渗透性的高压油气层时，井底压力欠平衡量较大，钻井液从井内快速流出，钻井液循环罐液面快速升高。从井内返出大量钻井液之前，钻井液并无油气侵显示，通常会有钻进放空现象，这是最危险的溢流信号。

（2）钻开高渗透性的油气层时，井底压力欠平衡量小，地层流体进入井内的速度开始很小，钻井液循环罐液面升高也很慢，但随着井内侵入的地层流体增加，欠平衡量增大，钻井液快速从井内流出，钻井液循环罐液面迅速升高。

（3）钻开低渗透性的高压油气层时，井底压力处于欠平衡状态，地层流体向井内流动时，受到的阻力大，因而钻井液循环罐液面升高缓慢。如果压差很小，井内返出的钻井液常有油气侵显示。

（4）钻开高压气层后，井底处于欠平衡状态，高压气体侵入井筒。开始时钻井液循环罐内液面上升很慢，随着气体被循环至井口附近，由于气体体积急剧膨胀，钻井液循环罐内液面快速升高。

（5）起钻过程中，因抽汲导致天然气进入井内，天然气在井内滑脱上升并逐渐膨胀，临近井口迅速膨胀，引起钻井液循环罐液面变化，这种情况也非常危险。

3. 起钻时灌入的钻井液量小于起出钻具体积

起钻时，井内钻井液液面会随起出钻具而相应下降。如果经计量发现应灌入量减小，说明地层流体已经进入井筒，填补了部分起出钻具的空间。

4. 下钻时返出的钻井液量大于下入钻具的体积

下钻时，井内钻井液液面随下入钻具而替出井筒，如果经计量发现返出

第三章 溢流的原因、显示与预防

量增加,说明地层流体进入井筒,占据了更多的空间,导致返出量增加。

5. 停泵后井口钻井液外溢

停止循环后,钻井液仍然从井口自动外溢,是发生溢流最直接、最可靠的显示。在出现其他显示且不能最终确定是否发生溢流的情况下,应立即停泵保持钻具静止,观察井口是否存在自动外溢的现象,这是判断和确定溢流最简便、最有效的检测方式。

但应注意的是,井筒中钻柱内外钻井液密度不一致,尤其在起钻前向钻柱内泵入一定量重钻井液时,会造成钻柱内钻井液当量密度比环空钻井液当量密度高,停泵后钻井液也会外溢持续一些时间;泵入钻井液中如有少量气泡,气体在环空上升时体积膨胀也会造成停泵后较长时间外溢;还有因地层的因素,如衰竭砂层及地层微裂缝,在开泵时,井底压力较高,微裂缝会充满钻井液,在停泵后由于井底压力降低,造成衰竭砂层及地层微裂缝中的钻井液回吐,外溢较长时间。这些因素都会对溢流的直接显示造成一定的影响,在工作中要正确判断。

二、间接显示

在钻井作业中,发生溢流除了有钻井液返出量增加、钻井液循环罐液面上升的直接显示外,还经常伴有诸多的间接显示。

1. 钻速突然加快或放空

这是可能钻遇到异常高压油气层的征兆。当钻遇异常高压地层过渡带时,地层孔隙度增大,破碎单位体积岩石所需能量减小,同时井底正压差减小也有利于井底清岩,此时钻速会突然加快。钻遇碳酸盐岩裂缝发育层段或钻遇溶洞时,往往发生蹩跳钻或钻进放空现象。所以,钻速突然加快或放空是可能发生溢流的前奏,但钻速突快也可能是所钻地层岩性发生变化导致的,因此并不能确定肯定要发生溢流。

一般情况下,钻时比正常钻时快 1/3 时,即认定为钻速突快。钻遇到钻速突快地层,进尺不应超过 1m,司钻操作刹把如果感觉到钻速有突然加快或放空现象时,就应立即停钻停泵观察,地质录井人员发现后也应及时通知司钻。如有放空,钻头探到底后,应停钻上提钻柱,停泵检测是否发生溢流。尤其在设计的目的层附近钻进时,要将钻速突然加快和放空作为及时发现溢流的首要信号。

2. 泵压下降，泵速增加

井内发生溢流后，若溢流物密度小于钻井液密度，钻柱内液柱压力就会大于环空液柱压力，由于U形管效应使钻具内的钻井液向环空流动，故泵压下降。气体沿环空上返时体积膨胀，有助于克服环空压耗，也会使泵压下降，泵压下降后泵负荷减小，则泵速增加。

3. 钻具悬重发生变化

天然气侵入井内的初期，因环空钻井液当量密度下降，钻具所受浮力减小而悬重增加；天然气大量侵入井内或接近地面时剧烈膨胀，托举钻具悬重会下降。若溢流物为盐水时，其密度小于钻井液密度则悬重增加，其密度大于钻井液密度则悬重减小。油气溢流通常会使钻井液密度减小，因而悬重增加。在起下钻过程中，若在钻头下方出现溢流，上托力量会导致悬重下降。

4. 钻井液性能发生变化

不同的地层流体进入井筒，会给钻井液性能带来不同的影响或变化。油或气侵入钻井液时，会使钻井液密度下降，黏度升高；地层水侵入钻井液时，会使钻井液密度和黏度都下降；钻井液中还会有油花、气泡，并散发出油气味等。但应注意，有时钻井泵吸入了空气，或通过加水混油等方式处理钻井液，也会使井内钻井液性能发生变化。

5. 气测烃类含量升高或氯离子含量升高

在钻井过程中，气测烃类含量升高，说明有油气进入井内；如氯离子含量升高，可能是地层水进入井筒。

6. dc 指数减小

正常情况下，随着井深的增加，dc 指数越来越大。如果 dc 指数减小，则可能是钻遇到异常高压地层的显示。

7. 岩屑尺寸加大

随着正压差减少，大块页岩将开始坍塌，这些坍塌造成的岩屑比正常岩屑大一些，多呈长条状，带棱角。

除了以上间接显示外，发生溢流时，还会有温度升高、电导率增大等间接显示。需要注意的是，发生溢流后通常会观测到以上所提及的现象，但在作业过程中，出现以上现象时却并不一定就发生了溢流。上述现象只是发生溢流的间接显示，不能当作确定发生溢流的依据。

第三节 溢流及早发现的重要性

尽可能早地发现溢流显示,并迅速实现控制,是做好井控工作的关键环节。

一、迅速控制井口是防止井喷的关键

井喷或井喷失控大多是溢流发现不及时或井口控制失误造成的。在钻遇气层时,由于天然气密度小、可膨胀、易滑脱等物理特性,从溢流到井喷的时间间隔短。若发现不及时或控制不正确,就容易造成井喷,甚至失控着火。

二、减少关井和压井作业的复杂情况

溢流发现得越早,关井时进入井筒的地层流体越少,关井套压和压井最高套压就越低,就不易在关井和压井过程中压漏(裂)地层发生井漏等复杂情况,有利于关井及压井安全,使二次井控处于主动。进入井筒的地层流体越少,对钻井液性能影响越小,井壁越不易失稳,压井作业越简单。所以及早发现溢流,直接关系到排除溢流、恢复和重建井内压力平衡时能否处于主动。

三、防止有毒有害气体的释放

在钻遇含硫化氢、二氧化碳的地层时,及时发现溢流,并正确处理可以防止这类气体对钻井液性能的破坏,同时也减少这类气体溢出井筒,防止对人员、环境及设备等造成更大的危害。

四、防止造成更大的污染

溢流若未及早发现,易造成过高的关井套压,为了不使井口承受过高的压力,必要时要通过放喷管线放喷,这样就对施工附近的环境造成严重污染,

危及农田、河流、渔场、牧场、林场、湿地等。

第四节　溢流的预防措施

预防溢流发生最重要的是在整个钻井过程中，始终保持井底压力略大于地层压力。钻井过程中的不同作业，其井控风险不同。针对溢流发生的不同原因采取相应的预防措施，是确保施工正常进行和减少井控风险的关键。

一、钻进作业的井控风险及预防措施

由于地层情况复杂，钻前地层压力的预测很难准确反映实际的地层压力情况，因此在钻进过程中，随时监测地层压力的变化趋势，及时发现溢、漏并采取调整钻井液密度和其他措施，才可实现安全优质快速钻井。钻进作业井控风险和预防措施主要包括以下几点。

1. 井控风险

（1）井眼漏失导致井底压力小于地层压力，发生溢流。

（2）钻井液性能破坏，致使钻井液密度降低，引发溢流。

（3）钻遇高压地层，井底压力小于地层压力，发生溢流。

（4）产层漏溢置换，地层流体置换至井筒，引发溢流。

2. 预防措施

（1）在施工作业前，设计好井身结构，按照规定要求确定套管下深。

（2）做好地层破裂（漏失）压力试验，钻开高压地层前应对上部裸眼段进行承压能力试验。若地层承压能力过低，可通过堵漏等措施来提高地层承压能力，直到满足钻开高压地层所需的承压能力要求。预防发生井漏还应做好以下工作：

① 使用的钻井液密度在设计范围内，并根据地层压力实际情况及时调整钻井液密度。

② 避免不均匀加重引起的高密度段塞进入井筒压漏地层。

③ 优化钻井液流变性，降低井底循环当量密度。

④ 在易漏井段提前加入随钻堵漏材料。

第三章 溢流的原因、显示与预防

⑤ 高压盐水层的钻井液应尽量具备堵漏的功能。

(3) 钻进过程中发生井漏应将钻具提离井底、方钻杆提出转盘,采取定时、定量反灌钻井液的措施,保持井内液柱压力与地层压力平衡,依据判断的井漏类型和漏层位置,可采用以下处理措施:

① 在保证井下安全的前提下,适当降低钻井液密度。

② 针对窄密度窗口地层,可配合控压钻井,适当降低钻井液密度。

③ 根据漏层温度、压力、漏速大小优选堵漏材料及浓度。

④ 发生漏速小于 $10m^3/h$ 的漏失时,可先采用静止堵漏、适当提高钻井液黏度和泵入桥浆等方法堵漏。

⑤ 发生漏速大于 $10m^3/h$ 但未失返的漏失时,应采用桥浆替入漏失井段进行堵漏。

⑥ 油气层(目的层)井段发生井漏失返,应安装井筒液面监测仪,监测井筒内液面位置的变化,确定液面平衡点,依据液面波动情况及时调整钻井液密度、灌液量及灌液频次。使井内液面处于动平衡点之上,处于微漏状态,以抑制地层气体置换进入井筒的速度。失返性漏失可采用高浓度、高黏度和高切力的桥浆堵漏,或配合水泥浆、化学凝胶等进行堵漏。

⑦ 发生井漏,若需起钻更换钻具组合堵漏时,应采取溢流监测与防喷措施。

(4) 钻开油气层前,实行坐岗制度,指定专人坐岗,钻进作业中坐岗有以下要求:

① 要严密注意钻井液出口流量变化、循环罐液面变化、钻井液性能变化、录井全烃值的变化等,并做好记录。

② 应观察返出钻井液有无气泡、油花等,观察停泵后钻井液是否断流。

③ 坐岗记录填写间隔时间不超过 15min,液面增减量超过 $0.5m^3$ 时要分析并注明原因,发现异常情况及时报告司钻。

④ 钻遇油气水显示、井漏时要加密观察。

⑤ 在 15min 内反复进行开泵停泵、调节排量、转浆等操作时,要在每次操作结束后进行记录。

(5) 保持好钻井液性能,使其黏度和静切力维持在最佳值上,同时提高钻井液悬浮携带岩屑的能力,针对钻井液性能的维护措施还包括:

① 一旦发现油气侵入钻井液,要在地面充分脱气,不能将气侵钻井液再次重复循环到井内。

② 若需对钻井液加重,需停止钻进,对钻井液进行循环排气加重,严禁

边钻进边加重。

③需要加重时，加重材料应经加重装置按照循环周均匀加入，每个循环周密度差控制在0.02~0.04g/cm³。

④钻井液受盐水、钙镁离子、CO_2等污染后，应及时处理钻井液，确保钻井液性能稳定。

⑤监测钻井液中H_2S的含量，及时足量补充除硫剂，同时pH值应保持在9.5以上，油基钻井液碱度应大于2.5。

（6）钻井液性能若进行较大的调整，或需要向井内注油、注解卡剂时，必须做好压力平衡计算并按设计程序处理，以防压力波动过大，引发险情。处理钻井液会造成液面上涨时，钻井液人员要将相关情况与液面预计增量告知坐岗人员。

（7）按照设计要求保持合理的钻井液密度。具体措施有：

①钻井液密度以裸眼井段中的最高地层孔隙压力当量钻井液密度值为基准，另增加合适的安全密度附加值。

②浅层气井应综合考虑密度附加值，若按密度附加，井底压差有可能过小；若按井底压差附加，又有可能使密度过大。因此浅层气井在附加密度时要综合考虑两种方法，使井底压差尽可能大，同时，又要防止压漏地层。

（8）因故等停时，应将钻具起下至套管鞋处或安全井段，期间根据油气上窜速度，下钻要分段循环通井。

（9）强化岗位人员责任心，以防将清水或胶液混入钻井液循环罐内从而降低钻井液密度。

（10）做好录井全烃值的监测，及时发现其变化。

（11）做好地层压力监测工作，特别是在探井的钻井过程中，要做好随钻压力监测，准确判断地层压力。现场可根据监测结果，及时调整与修正钻井液密度。

（12）钻进过程中要密切观察参数的变化，遇到钻速突快、放空、悬重和泵压等发生变化，都要及时停钻停泵进行溢流检查。

（13）对于老区调整井，分析相邻注水井、注气井资料，特别是注水（气）生产情况、注水（气）量、注水（气）压力等，采取停注、泄压等措施降低压力，同时，也要防范由于注水（气）导致地层形成圈闭压力产生的异常高压。

第三章 溢流的原因、显示与预防

二、起下钻作业的井控风险及预防措施

起钻相对其他作业井底压力最小,并且在起钻时,容易因抽汲、灌浆不够或不及时而引发溢流。起下钻作业的井控风险和预防措施主要有以下几点。

1. 井控风险

(1) 起钻时井内未及时灌满钻井液,引发溢流。

(2) 起钻抽汲导致井底压力小于地层压力,引发溢流。

(3) 下钻激动压力过大压漏地层,液面下降导致井底压力小于地层压力,引发溢流。

(4) 长时间起下钻作业,油气侵导致钻井液密度降低,引发溢流。

2. 预防措施

(1) 在施工作业前,设计好井身结构、钻具结构和井眼尺寸,降低起下钻过程中的波动压力。

(2) 起钻前充分循环井内钻井液,调整钻井液性能,维持钻井液静液压力稍微高于地层压力,进出口密度差不大于 $0.02g/cm^3$,保持钻井液有良好的造壁性和流变性,确保钻井液黏度、静切力保持在最佳水平,防止钻头或稳定器等发生泥包。

(3) 短程起下钻检测油气上窜速度,满足安全起下钻作业要求(起下钻周期+10h<油气上窜到井口的时间)。以下情况时需要进行短程起下钻检测油气上窜速度:

① 钻开油气层后第一次起钻前。

② 钻进中曾发生严重油气侵起钻前。

③ 溢流压井后起钻前。

④ 调低井内钻井液密度后起钻前。

⑤ 取心钻井后起钻前。

⑥ 目的层水平钻井后起钻前。

⑦ 钻开油气层井漏堵漏后起钻前。

⑧ 需长时间停止循环作业进行其他作业(电测、下套管、下油管、中途测试等)起钻前。

现场采用的短程起下钻方法有两种:

① 一般情况下试起 10~15 柱钻具,再下入井底循环一周以上,观察并测

量返出的钻井液,若钻井液无油气侵,或根据油气上窜时间判断满足起钻要求时,则可正式起钻;否则,应循环排除油气侵,并适当提高钻井液密度,以达到起钻过程中不发生抽汲溢流的目的。

② 特殊情况时(需长时间停止循环或井下复杂时),将钻具起至套管鞋内或安全井段,停泵观察一个起下钻周期或需停泵所需的等值时间,若井口无外溢,则再下入井底观察一个循环周,若钻井液无油气侵或油气上窜速度满足安全作业时间,则可正式起钻。否则,应适当提高钻井液密度,以达到井控安全的目的。

(4)钻具水眼泵入一定体积的重钻井液,以实现"干起"。

(5)起钻过程中严格执行坐岗制度,按规定及时向井内灌满钻井液,起下钻过程中注意观察、记录、核对起出(或下入)钻具体积和灌入(返出)钻井液体积,并做好记录、校核,及时发现异常情况。起下钻进行坐岗的要求包括:

① 表层套管固井后,每次开钻前,调整好钻井液性能,在第一次起下钻时对钻井液灌入、返出量进行实测修正。钻井过程中,如遇钻井液性能发生重大调整,在保证井下安全的前提下,变化后第一次起下钻应对钻井液灌入、返出量进行实测修正,并记录到表3-2中。

表3-2 钻具起下钻井液灌入、返出量修正表

在用钻具	内径 mm	外径 mm	实测修正灌返量 m^3/柱		备注
			带止回阀	不带止回阀	

② 数据修正后,实际灌返量同实测修正值误差不应超过 $0.5m^3/km$。如误差较大,坐岗人员与现场技术人员应认真分析,查明原因并做好记录。

③ 起钻停止灌浆和下钻钻具停止下放时,坐岗人员应观察出口是否断流,每起下3~5柱钻杆或1柱钻铤,记录一次灌入或返出钻井液体积,及时校核单次和累计灌入或返出量,发现异常情况及时报告司钻。如井下复杂,每起下3~5柱钻杆或1柱钻铤的时间超过15min时,应每15min记录一次液面变化。

④ 带有钻具止回阀下钻时,每下20~30柱向钻具内灌满钻井液,坐岗人

第三章 溢流的原因、显示与预防

员校核灌入量，如下钻中途实际返浆量小于理论返浆量，应将钻具内灌满钻井液，坐岗人员校核灌浆量、返浆量，确定是否为止回阀失效或发生井漏。

⑤ 起下钻时，钻井液应直接返至灌浆罐内，灌浆罐液面报警值按增减 $0.5m^3$ 进行设置。坐岗人员校核灌浆量、返浆量时，应随液面变化及时调整报警值设置。

（6）起钻过程中控制起钻速度，钻头在油气层中和油气层顶部以上300m井段内起钻速度不大于0.5m/s，以降低抽汲压力。

例如：某井井深4500m，井眼直径216mm，钻杆外径127mm，钻铤 159mm×103.58m，钻铤178mm×75.48m，钻头水眼12.7mm×3，钻井液密度 $1.50g/cm^3$，$R_{600}=78$，$R_{300}=52$，不同起钻速度下的抽汲压力值见表3-3。

表3-3 不同起钻速度下的抽汲压力值

起钻速度, m/s	0.1	0.2	0.3	0.4	0.5	0.6	0.7	0.8	0.9	1
抽汲压力, MPa	1.357	1.847	2.250	2.568	2.870	3.057	3.237	3.488	3.583	3.770
当量钻井液密度 g/cm³	0.030	0.041	0.050	0.057	0.064	0.068	0.072	0.078	0.080	0.084

可见，起钻速度直接影响抽汲压力的大小，很可能造成井底压力小于地层压力，并引发溢流。

（7）在疏松地层，特别是造浆性强的地层，遇阻划眼时应保持足够的循环排量，防止钻头或稳定器泥包。严禁泥包抽汲起钻。一旦发现钻具上提时，悬重增加、井口有外溢，停止上提后，外溢停止，则说明发生了钻头或稳定器泥包抽汲，应采取以下措施：

① 立即接方钻杆灌满钻井液，建立循环，循环一周以上，观察是否有油气侵，若有油气侵则排除，并根据情况确定是否调整钻井液密度。

② 在保证安全的前提下进行下钻。若钻具组合中没有安装钻具止回阀，下钻前应在当前位置安装钻具止回阀，再将钻具下到原井深。

③ 循环排除油气侵并调整钻井液性能，大排量冲洗钻头和井下工具，解除泥包复杂后再起钻。

（8）起钻过程中，即便钻具悬重和灌浆等未发现异常，也应根据现场情况，至少在起钻至套管鞋及钻铤前，通过静止观察的方式来主动进行溢流检查。

（9）起钻完应及时下钻，检修设备时应保持井内有一定数量的钻具，严禁在空井情况下进行设备检修。起完钻空井及检修设备期间，应确保井筒灌满钻井液，并由专人坐岗观察液面变化。

（10）下钻前应观察井内液面，无异常情况方可下钻。

（11）下钻过程中应控制下钻速度，避免因激动压力过大导致井漏。

（12）下钻过程中，必要时应分段循环钻井液；开泵时控制排量，降低由于钻井液由静止到流动所引起的过高循环压力损失。

三、常规电缆测井作业的井控风险及预防措施

钻井施工中的电测作业主要分为常规电缆测井和钻具传输测井，钻具传输测井的井控风险及预防措施参考起下钻作业的内容。常规电缆测井是指在井口不带压的情况下的测井及射孔施工作业。常规电缆测井作业的井控风险和预防措施主要有以下几点。

1. 井控风险

（1）每次起电缆后井内未灌满钻井液，引发溢流。

（2）起电缆速度过快，抽汲导致井底压力小于地层压力，引发溢流。

（3）下测试管串激动压力过大，压漏地层后引发溢流。

（4）测井作业时间长或处理井筒复杂，长时间未建立井下循环，油气侵导致钻井液密度降低，引发溢流。

2. 预防措施

（1）电测前选用合理钻具组合，进行通井作业，修整井壁，调整钻井液性能，确保井内情况正常、稳定，不溢不漏，满足电测要求。

（2）通井时，调整好钻井液性能后，进行短程起下钻检测油气上窜速度，达到安全时间后方可起钻电测（起下钻周期+测井所需的时间+10h<油气上窜到井口的时间）。

（3）起（下）电缆时在裸眼井段上提（下放）速度应小于4000m/h，减少波动压力，在储层段速度应小于600m/h。

（4）落实坐岗制度。测井过程中，坐岗人员对出口进行观察，电测仪器下至电测井深后，钻井人员与测井人员校核钻井液返出体积，发现异常，及时汇报司钻。

（5）每次起出仪器，向井内灌满钻井液；根据现场情况，在满足测井工艺需要的情况下，每起出2000m电缆，应灌满钻井液一次；电缆静止时，定时向井内灌满钻井液。

(6) 电测时间长，不能满足油气上窜速度安全条件时，应进行中途通井循环，排除受侵钻井液。

(7) 电测期间，电缆剪切装置应摆放在井口方便取用的位置，含硫高风险井应安装液压远程电缆剪切装置。

四、下套管作业的井控风险及预防措施

1. 井控风险

(1) 下套管过程中，油气侵导致钻井液密度降低，引发溢流。

(2) 下套管速度过快，产生较大的激动压力，压漏地层后引发溢流。

(3) 套管下到位后，套管与井眼间环空间隙小，环空循环压耗大，压漏地层后引发溢流。

2. 预防措施

(1) 下套管作业前选用合理钻具组合，进行通井作业，修整井壁，调整钻井液性能，确保井内情况正常、稳定，不溢不漏，满足下套管要求。

(2) 通井时，调整好钻井液性能后，进行短程起下钻检测油气上窜速度，达到安全时间后方可起钻下套管（从起钻前停泵开始到下完套管所需的时间+10h<油气上窜到井口的时间）。

(3) 下技术套管或生产套管前，换装与套管尺寸相匹配的半封闸板。下尾管可不换装半封闸板，但需准备相应的防喷单根或防喷立柱。

(4) 下套管过程中控制下放速度，一般不超过 0.5m/s，在通过低压渗透性井段，带有浮箍、扶正器等工具附件时，下放速度控制在 0.25~0.3m/s。高速下放套管，环空回流速度往往超过正常上返流速 1~3 倍，这样将会压漏地层，引发井控险情。

(5) 按规定向套管内灌注钻井液，以防止回阀及套管被挤毁。一般 10~15 根灌满钻井液，具备条件时也可采用连续灌浆的方式。出上层套管鞋时灌满钻井液，裸眼段在长时间灌钻井液时要活动套管防黏卡。

(6) 下完套管灌满钻井液后方可开泵循环。应控制循环排量由小到大，确认泵压无异常变化和井下无漏失后再将排量逐渐提高至固井设计的排量。

(7) 下套管全过程应严格落实坐岗制度，按照规定要求坐岗，注意观察下入套管体积、灌入和返出钻井液体积，并做好记录、校核，及时发现井漏、

溢流及其他异常情况。

（8）使用普通型浮箍（浮鞋）时，下套管过程中应及时、足量灌满钻井液。使用自灌型浮箍（浮鞋）时应随时观察，发现自灌装置失效后应及时、足量灌满钻井液。对于管柱下部装有漂浮接箍的井，无异常情况中途不应循环钻井液。下套管过程中应注意对套管浮箍的保护，下套管应平稳操作，防止产生过大激动压力，记录观察悬重和钻井液灌入量与返出量，严防浮箍失效，引发井控风险。

（9）下套管过程中发生溢流，应依据实际情况而定，在条件允许的情况下应强行下至预计位置，如条件不允许，应立即实施关井操作。

五、固井作业的井控风险及预防措施

1. 井控风险

（1）固井前油气层没有压稳，或固井施工过程中的某一阶段环空液柱压力（钻井液液柱压力+前置液液柱压力+先导浆液柱压力）小于地层压力，导致溢流。

（2）固井前未做承压试验，导致水泥浆密度过大，井漏后发生溢流。

（3）水泥浆在初凝时产生失重现象，引发溢流。

2. 预防措施

（1）在油气层未压稳的情况下，不能进行固井作业。固井前选用合理钻具组合，进行通井作业修整井壁，调整钻井液性能，确保井内情况正常、稳定，不溢不漏，排量、泵压稳定，满足固井要求。

（2）通井时，做好地层承压能力试验，地层承压能力要满足固井需求；若地层承压能力过低，可通过堵漏来提高地层承压能力，直到满足固井施工所需的承压能力要求。

（3）固井过程中合理选择循环、注水泥、替浆的排量，避免因排量过大可能导致的漏失。

（4）前置液类型、密度、数量的选择要满足平衡地层压力的需要。

（5）可使用重钻井液帽、憋压候凝、分段凝固等方法防止候凝期间因水泥浆失重可能造成的溢流。

（6）若在固井过程中发生井漏，应从环空灌注钻井液，维持液柱压力，并观察井口动态，如发现井口外溢，应立即关井，并从环空反挤水泥压井。

（7）因固井质量存在缺陷影响井控安全时，应采取有效措施进行处理。

六、换装井口作业的井控风险及预防措施

采用筛管完井或裸眼完井等特殊完井方法，由于油气层与井筒处于连通，在完井作业时，卸掉防喷器组并安装采油树期间，会存在井口处于敞开状态；对于已经射孔的油气井，如需原钻机进行侧钻或其他作业，拆卸采油树换装防喷器的更换井口作业，也会使井口处于无控制的状态，存在井控风险。

1. 井控风险

（1）换装井口作业，由于井底压力小于地层压力，发生溢流。

（2）换装井口时间过长，超出安全作业时间，发生溢流。

2. 预防措施

（1）对于筛管完井或裸眼完井更换井口前，与起钻中防止溢流的措施相同。即起钻前充分循环，检测油气上窜速度，起钻控制速度，及时向井内灌满钻井液，中途进行溢流检查。起钻完立即更换井口。

（2）对于射孔的油气井进行换装井口前，应压稳地层或采取打水泥塞、下入套管封隔器、油管阀等封堵措施。换装井口前，用压井液节流循环压井 1.5 个循环周以上，进出口压井液密度差不超过 0.02g/cm^3，停泵关井地面压力为零。开井观察，时间大于 2 倍预计换装井口时间，无溢流显示，然后再循环一周以上，确定无油气侵，方可换装井口。

（3）换装井口前要做好人员分工和配件、工具、机具等准备工作，严禁换装井口作业过程中出现等停。如遇特殊情况无法继续作业，则视情况装回原井口装置或采取其他可以控制井口的措施。确保井筒屏障有效可靠。

（4）在井漏等复杂情况下，需要采取封堵措施后再换装井口。

（5）换装井口后，按规定要求进行试压，合格后方可进行下一步工序作业。

第四章 气侵特性及其对井内压力的影响

基本上所有井喷事件与天然气都有关。由于在使用不同的钻井液类型时，天然气在井下不同温度和压力条件下，具有压缩与膨胀、滑脱与运移、溶解与渗透等不同的特性。即使井底压力大于地层压力的情况下，也会存在气侵现象，这就易造成发生溢流的假象。因此现场出现气侵时若处理不当，会出现两种结果：一是没有及时发现与正确控制，会造成井喷或井喷失控着火；二是错误判断与盲目加重钻井液，造成油气层的严重污染或压漏地层。因此，要做好井控工作，必须掌握天然气的相关知识，才能保证作业中能正确地判断、控制与处理。

第一节 天然气的基础知识

广义的天然气是指存在于自然界的一切气体。在油气勘探方面，所指的天然气主要是与油气田有关的气体，即狭义的天然气，指天然存在于地下岩石储层中的烃类和非烃类气体的混合物。

天然气主要成分是烷烃，其中甲烷约占85%，另有少量的乙烷、丙烷和丁烷，此外一般还有硫化氢、二氧化碳、氮、水汽及少量一氧化碳等气体。天然气的密度与天然气的组分、温度及压力等有关，天然气的密度一般为 $0.75\sim0.8kg/m^3$，相对密度一般为 $0.58\sim0.62$（空气的相对密度为1）。

按照天然气的分布特征和赋存相态（元素在矿石中的存在形式）主要有以下几种类型：

(1) 气藏气：圈闭中单独的呈游离相态聚集的天然气。

(2) 气顶气：呈游离态存在于油气藏顶部，与油共存于油气藏中的天然气。

(3) 页岩气：呈吸附态、游离态和水溶状态存在于页岩和泥岩中的天然

第四章 气侵特性及其对井内压力的影响

气。是一种非常规天然气聚集。

（4）煤层气：呈吸附态、游离态和水溶状态存在于煤层中的天然气。煤矿中将这种天然气称为瓦斯。

（5）油溶气：溶解于油藏原油中的天然气。

（6）水溶气：溶解于地层水中的天然气。

（7）天然气水合物：由水与天然气（主要是甲烷）结合形成的白色固态的结晶物。

天然气在地下存在的形式又可分为伴生气和非伴生气两种：

（1）伴生气：伴随原油共生，与原油同时被采出的油田气。其中伴生气通常是原油的挥发性部分，以气的形式存在于含油层之上，凡有原油的地层中都有，只是油气量比例不同。即使在同一油田中的石油和天然气来源也不一定相同。它们由不同的途径和经不同的过程汇集于相同的岩石储层中。

（2）非伴生气：包括纯气田天然气和凝析气田天然气两种，在地层中都以气态存在。凝析气田天然气从地层流出井口后，随着压力的下降和温度的下降，分离为气液两相，气相是凝析气田天然气，液相是凝析液，称为凝析油。

一、天然气中的主要气体

1. 甲烷

甲烷是天然气的主要成分，是一种有机化合物，分子式是 CH_4，甲烷是最简单的有机物，也是含碳量最小、含氢量最大的烃。甲烷是一种很重要的燃料，其密度为 $0.717kg/m^3$，相对密度为 0.5548，比空气轻。在标准压力的室温环境中，甲烷无色、无味；空气中的甲烷浓度达到 5%~15% 时，遇到火源会发生爆炸。作业现场所说的天然气一般指的就是甲烷，现场从钻井液中分离出的天然气（甲烷）允许安全地释放及扩散到大气中或燃烧掉。

甲烷毒性较低，当人接触高浓度甲烷时，因空气氧含量相对降低造成的缺氧窒息而引起中毒。空气中甲烷达到 25%~30%，人就会出现头昏、呼吸加速、运动失调等症状，如浓度很高，患者可迅速死亡。

甲烷可以形成笼状的水合物，甲烷被包裹在"笼"里，这也就是常说的可燃冰。它是在合适的温度、压力、气体饱和度、水的盐度、pH 值等一定条件下，由水和天然气在中高压和低温条件下混合时组成的类冰的、非化学计量的、笼形结晶化合物，可燃冰主要储存于海底或寒冷地区的永久冻土带，

比较难以寻找和勘探。

2. 硫化氢

硫化氢分子式为 H_2S，为无色酸性有毒气体，密度为 $1.363kg/m^3$，相对密度为 1.189，比空气重，极易聚集在低洼处，能在较低处扩散至相当远的地方，遇明火迅速引着回燃。硫化氢易溶于水及原油中，在 20℃、1 个标准大气压下，1 体积的水可溶解 2.9 体积的硫化氢，其溶解度随温度升高、压力降低而下降。硫化氢在低浓度时可闻到臭鸡蛋味，当浓度高于 $6.9mg/m^3$（4.6ppm）时，人的嗅觉会迅速钝化而感觉不到硫化氢的存在。硫化氢与空气的混合浓度达到 4.3%~46%，遇到火源会发生爆炸，燃烧时为蓝色火焰，并生成危及人眼睛和肺部的二氧化硫（SO_2）。

硫化氢的毒性比一氧化碳大 5~6 倍，可与氰化物相比，是一种致命的气体。不同浓度硫化氢对人体的伤害见表 4-1。

表 4-1 不同浓度 H_2S 对身体的伤害

在空气中的浓度			暴露于硫化氢的典型特性
%（体积分数）	ppm	mg/m^3	
0.000013	0.13	0.195	通常，在大气中含量为 $0.195mg/m^3$（0.13ppm）时，有明显和令人讨厌的气味，在大气中含量为 $6.9mg/m^3$（4.6ppm）时气味就相当明显。随着浓度的增加，嗅觉就会疲劳，气体不再能通过气味来辨别
0.001	10	15	有令人讨厌的气味，眼睛可能受刺激，推荐的阈限值：8h 加权平均值
0.0015	15	22.5	推荐的 15min 短期暴露范围平均值
0.002	20	30	在暴露 1h 或更长时间后，眼睛有烧灼感，呼吸道受到刺激
0.005	50	75	暴露 15min 或以上的时间后嗅觉就会丧失；时间超过 1h，可能导致头痛、头晕和（或）摇晃；超过 $75mg/m^3$（50ppm）将会出现肺浮肿，也会对人员的眼睛产生严重刺激或伤害
0.01	100	150	3~15min 就会出现咳嗽、眼睛受刺激和失去嗅觉；在 5~20min 过后，呼吸就会变样、眼睛就会疼痛并昏昏欲睡；在 1h 后就会刺激喉道；延长暴露时间将逐渐加重这些症状
0.03	300	450	明显的结膜炎和呼吸道刺激
0.05	500	750	短期暴露后就会不省人事，不迅速处理就会停止呼吸、头晕、失去理智和平衡感。患者需要迅速进行人工呼吸和（或）心肺复苏术

第四章 气侵特性及其对井内压力的影响

续表

在空气中的浓度			暴露于硫化氢的典型特性
%（体积分数）	ppm	mg/m³	
0.07	700	1050	意识快速丧失，不迅速营救，呼吸就会停止并导致死亡。必须立即采取人工呼吸和（或）心肺复苏术
0.10+	1000+	1500+	立即丧失知觉，会产生永久性的脑伤害或脑死亡。必须迅速进行营救，应用人工呼吸和（或）心肺复苏术

硫化氢及其水溶液对金属有强烈的腐蚀作用，如果溶液中同时含有二氧化碳或氧气，其腐蚀作用更快。硫化氢对金属材料的腐蚀主要表现为电化学失重腐蚀、氢脆、硫化物应力腐蚀开裂3种形式。在钻井施工过程中，硫化氢可对钻具和井控设备产生氢脆，造成钻具断裂和井口设备损坏，使井控工作进一步复杂化，甚至引发井喷失控。硫化氢及其水溶液会加速橡胶、浸油石墨、石棉等非金属材料密封件的老化。

钻井作业中，硫化氢的来源主要有以下几方面：

（1）热作用于油气层时，石油中的有机硫化物分解，产生出硫化氢。因地层埋藏越深，地温越高，硫化氢含量将随地层埋深增加而增加。例如井深2600m，硫化氢含量为0.1%~0.5%；而井深超过2600m或更深时，硫化氢含量将达到2%~23%。地层温度达到200℃~250℃，热化学作用将加剧而产生大量硫化氢。

（2）石油中的烃类和有机质通过储层水中的硫酸盐的高温还原作用而产生硫化氢。

（3）通过裂缝等通道，下部地层中硫酸盐层的硫化氢上窜而来。在非热采区，因底水运移将含硫化氢的地层水推入生产井而产生硫化氢。

（4）某些化学处理剂在高温作用下热分解以及钻井液中细菌的作用下产生硫化氢。

（5）含硫的地层流体（油、气、水）侵入井内。

3. 二氧化碳

二氧化碳分子式为CO_2，常温常压下是一种无色无味的气体，也是一种常见的温室气体，空气中二氧化碳占大气总体积的0.03%~0.04%。二氧化碳的密度为1.997kg/m³，相对密度为1.53，比空气重，溶于水。二氧化碳的化学性质不活泼，不能燃烧，通常也不支持燃烧，属于酸性氧化物，与水反应生成的是碳酸。

二氧化碳不是有毒气体，空气中二氧化碳浓度低于2%时，对人没有明显的危害，但当空气中二氧化碳浓度超过一定限度时则会使肌体产生中毒现象，如：头晕、头痛、全身酸软、胸闷、憋气、昏迷等症状，高浓度的二氧化碳则会让人缺氧窒息。

钻井液中二氧化碳的来源主要有以下几个方面：

（1）钻井过程中，空气中的二氧化碳溶解进入钻井液。

（2）钻井液处理剂相互反应或处理剂在高温高压下分解产生二氧化碳。

（3）处理钙侵和水泥侵时加入纯碱等材料，因化学反应产生二氧化碳。

（4）地层中含二氧化碳的天然气侵入钻井液。

钻井液被二氧化碳污染而变质失效，防控措施不当会发生井下复杂和井控的风险，严重影响钻井施工的安全。二氧化碳污染钻井液的危害机理主要体现在：

（1）地层中大量的二氧化碳进入钻井液，使二氧化碳含量增加，造成黏土等低密度固相物质形成细分散，使钻井液黏度、切力大幅度上升。

（2）污染钻井液，pH值迅速降低，导致钻井液中的处理剂失效。钻井液受二氧化碳污染后，由于大量碳酸氢根离子的存在，pH值迅速降低，导致碱性环境中才能有效发挥作用的处理剂功效下降，钻井液表现出不接受降黏剂处理，黏度、切力难以控制。

（3）侵入二氧化碳在钻井液中形成细分散微泡，导致钻井液切力大幅度升高，初切、终切接近，流变性恶化，尤其是高密度钻井液更为突出。

（4）低密度钻井液受到二氧化碳污染，通常表现为钻井液大量起泡，随着二氧化碳污染量的增大，钻井液黏度、切力和滤失量均略有增加，pH值降低。

（5）高密度钻井液受到二氧化碳污染则不会有明显的"起泡现象"，失水变化不大，但是黏度、切力变化明显，初切、终切数值拉近甚至相等，滤饼质量变差。当出现严重二氧化碳气侵，未溶解的二氧化碳气体完全分散进入钻井液形成高度细分散微泡，引起明显的流态变化，尤其是固相含量很高的超高密度钻井液甚至可能会在较短的时间内失去流动性。

二、天然气的特性

1. 压缩性与膨胀性

气体与液体最显著的差别在于其可压缩性和膨胀性。气体受到的压力增

第四章　气侵特性及其对井内压力的影响

大，其体积减小；气体受到的压力减小，其体积增加。这种特性可用下面的公式来描述：

$$pV = ZnRT \tag{4-1}$$

或

$$\frac{p_1 V_1}{Z_1 T_1} = \frac{p_2 V_2}{Z_2 T_2} = 常数 \tag{4-2}$$

式中　p——气体所受到的绝对压力，Pa；

　　　V——气体的体积，m³；

　　　Z——气体的压缩因子；

　　　n——气体的物质的量，mol；

　　　R——气体常数，一般取 8.314J/(mol·K)；

　　　T——气体的热力学温度，K。

由于井筒内的气体压缩因子及温度的变化对其影响并不太大，在不考虑这些因素时，上式可简化变为：

$$p_1 V_1 = p_2 V_2 \tag{4-3}$$

由上式可以看出，气体压力增加一倍，体积减小一半；相反，气体压力减小一半，体积增大一倍，这就是波意耳定律。

在起钻过程中，由于抽汲等因素的影响，若有少量的地层气体（天然气）进入井内，在其向上运移的过程中，体积会随着所受钻井液液柱压力的减小而增大，造成环空液柱压力逐渐减小，使井筒内压力系统由正平衡逐渐转为欠平衡，导致溢流的发生。如果是在井底压力小于地层压力的情况下，气体进入井内，若不及时关井，气体向上运移时体积膨胀，造成井底压力进一步降低，则会加剧溢流的发展。特别是井底的高压气体运移至井口附近时，由于体积急剧膨胀，将会使溢流急剧加速，很快造成液柱压力迅速降低，形成井喷。另外，在处理气体溢流时，由于气体的膨胀，会导致过高的套压，一方面可能造成地下井喷，另一方面直接威胁到井口的安全，如引起防喷器、地面管汇、井口附近的套管刺漏甚至憋爆，导致压井失败甚至井喷失控。

因此，对于气体溢流来说，更要强调及时发现溢流并迅速关井的重要性。

2. 密度低

天然气的密度与钻井液、地层水、原油相比要低得多，在常温下水的密度是天然气密度的 1000 倍以上。

由于天然气的密度低，地层中的天然气与钻井液有强烈的置换性，不论是开井还是关井，循环还是静止，进入井筒的气体向井口的运移总是要产生的。在开井状态下，气体在井内膨胀上升，会改变井内的平衡状态，并加剧溢流的发生；在关井状态下，气体在井内带压上升，会导致井内各处压力均升高，威胁关井的安全，或将地层憋漏，造成地下井喷，给事故处理带来更大的难度。

因此，发生气侵或气体溢流时，要及时关井和组织压井。

3. 易扩散、易燃、易爆

天然气中主要成分为甲烷，作为燃料的天然气具有易燃易爆的特点。天然气的这一特点导致大部分天然气井井喷失控后都引发着火，或是在关井和压井过程中，由于井口设备刺漏，最终引发井口爆炸着火。如果井喷失控瞬间未着火，或在抢险过程中某种原因导致火焰熄灭，由于天然气的扩散性，会以井眼为中心向井场四周扩散，或向下风方向扩散，在这个过程中，遇到火源同样可能发生着火或爆炸。

因此，天然气井的井场规格、设备布置要充分考虑防火要求。另外，在关井和压井以及在井控抢险过程中，要做好井场及周围的消防工作，防止着火。

4. 易含有硫化氢

世界上已发现的气藏中，几乎都存在硫化氢气体。硫化氢是有毒气体，对人员、设备、环境等都会造成严重伤害。硫化氢对现场施工人员的人身安全造成威胁；硫化氢对钻具和井控设备产生氢脆腐蚀，造成钻具断裂和井口设备损坏，使井控工作进一步复杂化，甚至引发井喷失控；硫化氢能加速非金属材料的老化，使井控设备中的密封件失效而威胁到关井的安全；硫化氢对水基钻井液具有较大污染，甚至使之形成流不动的冻胶。

因此，钻探含硫化氢天然气井比普通油气井具有更大的风险，一旦发生井喷失控，容易造成灾难性的后果。

5. 对密封性要求更高

天然气侵入井筒后，在钻井液中会自动向上滑脱运移。气体的渗透性比液体要高得多，对套管、油管、井控设备等密封性能提出更高的要求。一旦发生泄漏，很容易引起井喷失控甚至着火。

由于天然气的上述几个特性，使天然气井的井控问题变得更加复杂，处理不当很容易引发井喷，甚至井喷失控着火事故。因此，必须研究和掌握天然气气侵的方式及特性、天然气对井内压力影响所带来的井控技术问题，从而保证钻井作业的井控安全。

第二节 气体侵入井内的方式及状态

一、气体侵入井内的方式

1. 岩屑气侵

在钻开气层的过程中,随着岩石破碎和岩屑进入井内,岩石孔隙中的天然气被释放出来而侵入钻井液。侵入天然气量与岩石的孔隙度、含气饱和度、井径、机械钻速和气层的厚度成正比。如果是薄气层,侵入钻井液的天然气较少;如果是钻开大段气层,应控制机械钻速,从而控制单位时间内侵入钻井液中的天然气量。钻井液循环到地面后,应进行地面除气,以防止天然气重新进入井内而对钻井液液柱压力产生不利影响。

岩屑气侵的特性包括:

(1) 只要在油气层中钻进,岩屑气就始终存在。
(2) 环空中的岩屑气随钻井液循环上升而体积膨胀。
(3) 岩屑气随钻井液返至地面,录井气测全烃值会明显升高。
(4) 返至地面的含气钻井液,其密度下降明显。
(5) 单纯的岩屑气侵,液柱压力基本不变或降低非常少。
(6) 油气层钻穿后,钻井液密度和气测全烃值会逐步恢复正常。

2. 置换气侵

当钻到大段的气层,特别是大的裂缝或溶洞时,由于钻井液密度比天然气密度高很多,在密度差的影响下产生重力置换,裂缝或溶洞中的天然气被钻井液置换至井内,在井底容易积聚形成气柱。

3. 扩散气侵

气层中的高浓度气体穿过滤饼向井内扩散而侵入钻井液,侵入井内的天然气量与钻开气层表面积、浓度差和滤饼的质量等因素有关。一般通过滤饼侵入井内的天然气量不大,尤其在循环状态时,侵入的少量天然气会被上返的钻井液冲散并返至地面,此时对液柱压力基本没有影响。但当滤饼受到破坏或停止循环时间很长时,扩散进入的气体量会增大,空井或井眼长时间停

止循环时,扩散入井内的气体就容易在井底积聚。因此,要尽量减少停止循环的时间。

以上3种情况表明,即使在井底压力大于地层压力时,天然气也会通过以上几种方式侵入井内。发生气侵的钻井液,应及时通过地面除气设备进行清除。

4. 气体溢流

井底压力小于地层压力时,气体由气层以气态或溶解状态大量地流入和渗入钻井液,井底的负压差越大,进入井内天然气越多。起钻时由于停止循环、抽汲作用等原因会使井底压力降低,同时又因较长时间停止循环,这就可能在井底积聚大量气体而形成气柱;以及出现岩屑气侵、置换气侵和扩散气侵后没有及时处理,逐步变得更加严重,从而使井内出现压力失衡,也会导致气体溢流。

因此,产生气侵或气体溢流若不及时关井处理,很快就可能发展成为井喷。不同气侵方式的对比和应对措施如表4-2所示。

表4-2 不同气侵方式的对比和应对措施

气侵方式	气侵工况	钻井液密度的影响	预防及处理措施
岩屑气侵	油气层中钻进就会存在	气侵量与钻井液密度高低无关	控制机械钻速,及时循环排气
置换气侵	油气层中更易出现,完井前都可能出现	钻井液密度越高,造成地层中被置换出的气体会越多	尽量降低钻井液密度,控制机械速度,大量气体被置换时要及时关井处理
扩散气侵	钻开油气层至下套管封固前均存在	钻井液密度提高可抑制侵入气量与运移速度	适当提高密度,并要减少停止循环的时间
气体溢流	刚钻开油气层时更易发生或发生其他气侵未及时处理	钻井液密度越低,侵入井内的气体就会越多、侵入速度越快	做好压力监测,使用合理密度钻井液钻开油气层;发生气侵要及时除气,防止液柱压力降低

二、气体在井内的状态

天然气侵入井筒后,呈气液两相流动状态,形成泡状流、段塞流等形态。循环时,气体随着钻井液循环从环空中上返,同时在钻井液中滑脱上升。即使在停止循环时,钻井液中的气体由于密度低,在钻井液中也会滑脱上升。

第四章 气侵特性及其对井内压力的影响

气体在井内的状态可简单地区分为两种状态：分散的气泡与连续的气柱。

1. 分散的气泡状态

大多数情况下，进入井内的气体，如岩屑气侵、扩散气侵或少量的置换气侵等，由于受钻井液冲击及流动、钻柱旋转等影响，气体以气泡的形式散布在钻井液中。

2. 连续的气柱状态

以下几种情况均可使气体在井内积聚形成连续气柱：钻井液密度低，钻开油气层时，造成气体溢流；大量的置换气侵或长期停止循环造成大量的扩散气侵在井底集聚；水平井的水平段较长，油层裸露面积大，侵入井内的气体被推入直井段时。

第三节 气侵对井内压力的影响

一、气侵对钻井液密度的影响

地层中的气体刚侵入井内，处在井底受到的压力大、体积小，对钻井液密度影响极小。气体从井底向井口上升过程中，由于所受液柱压力逐渐减小，气泡逐渐膨胀，体积增大，单位体积钻井液中气体体积增多，钻井液密度则逐渐减小。当气泡上升至接近地面时，气泡体积膨胀到最大，而钻井液密度降至最小。气体侵入井内后，井内钻井液密度随井深自下而上逐渐变小，如图4-1所示。所以地面看到的钻井液中气泡的数量，并不能反映井底被气侵的程度，实际上仅有少量的气体进入钻井液，其密度变化甚微，此时应及时采取有效的措施除气，使泵入的钻井液保持原有密度，就不会有井喷危险。如果

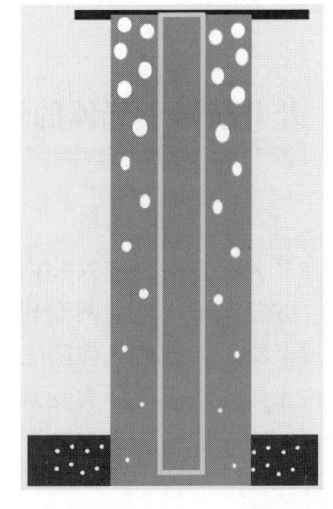

图4-1 气侵对钻井液密度的影响

不及时而有效地除气，让密度低的气侵钻井液再次进入井内，则会造成井筒内钻井液受到进一步气侵，如此恶性循环，使井底压力不断降低，最终导致失去平衡，发生井喷。

二、气侵后的注意事项

（1）钻井液发生气侵，密度随井深自下而上逐渐降低，不能用井口测量的密度值计算井内液柱压力。

（2）气侵对井内静液压力影响与井深有关。井越深，影响越小；井越浅，影响越大。

（3）钻井液被气侵，必须及时在地面进行除气后再使用。

（4）当发现钻井液被气侵、返出钻井液密度有明显下降时，不应急于加重提高钻井液密度。

（5）即使井口返出钻井液气侵很严重，停泵后钻井液自动外溢造成溢流的假象，但通常情况下井内液柱压力并没有大幅度降低。

（6）发生钻井液气侵，只要停泵后钻井液仍外溢，应采取的首要措施就是关井，根据关井压力再确定后续处理措施。

第四节 井内气体的膨胀与运移

一、开井状态下气体的运移

1. 井内气体的运移

在开井状态下，侵入井内的天然气靠密度差形成的浮力在钻井液中滑脱上升，并逐渐形成气泡甚至段塞。气泡或段塞所受的液柱压力会随着气体上升而逐渐降低，因此气体随之膨胀，并逐渐将井口附近的钻井液排出地面。

由于气体承受的压力受到其上方液柱压力的影响，而气体在运移过程中，其上方的钻井液密度并没有变化，因此可将波意耳定律简化后表示为：

$$H_1 V_1 = H_2 V_2 \qquad (4-4)$$

即气体所处垂直井深增加一倍，气体体积减小一半；相反，气体所处垂

第四章 气侵特性及其对井内压力的影响

直井深减小一半，气体体积增大一倍。

井口敞开时气体上升膨胀的规律如图4-2所示，在一些开始起钻就发生局部抽汲的井或钻至裂缝溶洞发生气体置换的井中，这种情况很容易发生。

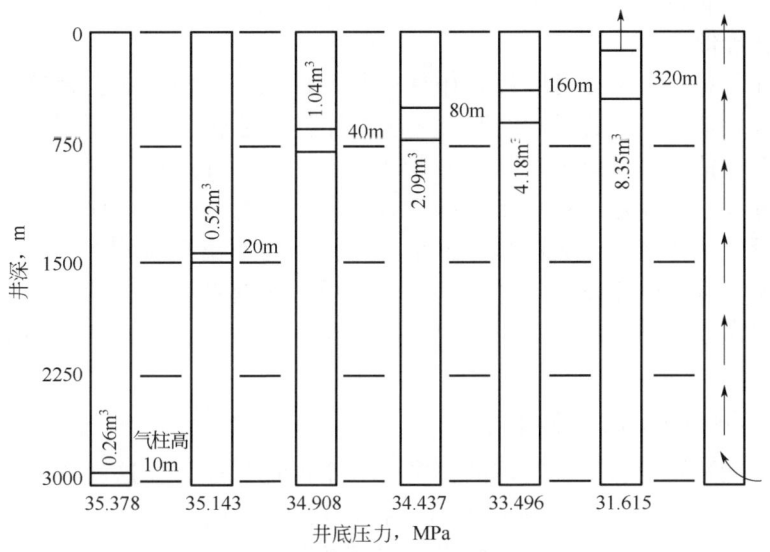

图4-2 开井状态下气体的运移

假设井深3000m，钻井液密度为1.20g/cm³，井眼直径为215.9mm，钻杆外径为114.3mm，环空因置换气侵或起钻抽汲造成0.26m³天然气侵入。气体上升到井深1500m处时，气体体积变为0.52m³，高度变为20m，井底压力降到35.143MPa。在这个过程中，气体运移了1500m的距离，体积只增加了0.26m³。气体继续上升到井深750m处时，体积变为1.04m³，高度变为40m，井底压力为34.908MPa。在这个过程中，气体运移了750m的距离，体积增加了0.52m³。气体继续上升到井深375m处时，体积变为2.09m³，高度变为80m，井底压力为34.437MPa。在这个过程中，气体运移了375m的距离，体积增加了1.05m³。当气体上升到井口附近时，气体体积变为8.35m³，高度变为320m，井底压力下降到31.615MPa。

气体上升到一定高度后，气体体积的膨胀就足以使上部钻井液自动外溢喷出，导致液柱压力的降低，使得井底压力小于地层压力，造成地层中更多的天然气进入井内，引发更严重的溢流、井涌或井喷。

通过上面的例子可以得出以下结论：

（1）开井状态下，气体在井内上升时体积一直在膨胀，在井底时体积增加较小,越接近井口膨胀速度越快。

(2) 气体越接近井口,钻井液循环罐液面上升速度越快,溢流量才变得比较明显。

(3) 气体膨胀上升开始时对井底压力的影响很小,到接近井口时,井底压力明显降低。

由此可见,由于长时间停止循环或起钻抽汲,井底可能会聚集相当数量的扩散气或抽汲气,若天然气形成气柱,由于密度差作用导致气柱上升膨胀,或开泵循环钻井液时造成气柱上升膨胀,到达某一深度时,就会发生钻井液明显的外溢,尤其是天然气上升接近地面时,体积会迅速膨胀,从而取代井筒内大量的钻井液,大大降低了井底压力。为防止出现这样的情况,现场作业时应该尽量减少停止循环的时间,目的层井段起钻要控制速度,尽量减小抽汲压力,起完钻要尽快下钻,等钻头下至一定深度,再做其他必要的辅助工作。

2. 溢流检查(流动测试)

由于在开井状态下,气体的膨胀是一个加速的过程,这就造成在钻井过程中,轻微的流量变化很难被发现,特别是在钻进、循环或起下钻过程中,单纯依靠监测钻井液循环罐液面变化很难及时发现气侵或溢流。为了保证作业的安全,可以采取溢流检查的办法。

所谓溢流检查就是在停钻停泵或停止起下钻,保持钻柱静止的状态下,通过观察井内流体是否在流动来判断溢流的方法,该方法又称为流动测试。溢流检查主要是在以下情况时进行:

(1) 钻进过程中,发现有钻速加快、放空或钻井液密度下降、气测值异常等现象时进行。

(2) 起钻过程中,当钻头起至套管鞋或将要起到钻铤前,以及起钻中有任何异常现象时进行。

(3) 下钻过程中,当钻头下到套管鞋或下钻到井深一半时,以及下钻中有任何异常现象时进行。

(4) 空井的任何时间都进行。

(5) 任何工况下,当发现工程参数、录井参数、钻井液性能等有异常情况时进行。

溢流检查可以直接观察静止状态的井眼是否有钻井液流出,是一种积极主动发现溢流的措施。静止状态更方便现场人员及时发现与判断井筒是否正常,在进行溢流检查时,一旦确定井内流体在静止状态还在向外流动,即井

第四章　气侵特性及其对井内压力的影响

口自动外溢,此时不管是什么原因造成的,都应立即关井。

井深、井眼尺寸、环空大小、钻井液性能、地层流体类型、地层渗透率、压差以及其他一些因素,都会影响进行溢流检查的时间长短。为正确做出判断,进行溢流检查的时间不应过短,一般观察时间不少于 15min;对于井深超过 4500m 或使用油基钻井液的井,观察时间应至少 30min。

1) 钻进时的溢流检查

在钻进过程中,尤其钻到设计的目的层附近,当钻时突然加快或出现放空等异常信号时,就应采取积极的溢流发现措施:

(1) 停止钻进,上提钻具至可直接关闭防喷器的状态。

(2) 停泵,静止观察,确认钻井液是否自动外溢。

若有溢流显示,立即关井。若出口管无溢流显示,也应循环至少一个迟到时间,并做好钻井液密度及全烃值的监测。在确保井下一切正常时,才可恢复钻进。

2) 起钻时的溢流检查

在起钻过程中,即便悬重、灌浆量等各种显示均正常,也应至少在钻头进入套管鞋和将要起到钻铤时,进行溢流检查:

(1) 停止起钻作业,环空灌满钻井液。

(2) 在钻具上安装内防喷工具并关闭。

(3) 提起钻具至可直接关闭防喷器的状态。

(4) 静止观察,确认钻井液是否自动外溢。

另外,对于油气活跃的井,油气上窜速度满足安全作业时间的情况下,下钻过程中也应进行溢流检查,并分段循环排除可能已经运移到钻头以上的气体。若后效严重,应通过节流循环,使用液气分离器除气,防止侵入井内的气体上升膨胀过程中引起溢流,甚至井喷。

在钻井作业中,出现任何异常且不能确定是否发生溢流的情况下,采取溢流检查,是判断和确定溢流最简便、最有效的检测方式。

二、关井状态下气体的运移

1. 井内气体的运移

天然气侵入井内后,由于天然气的特性影响,即使在关井状态下,气体也要滑脱上升。气体滑脱上升的速度主要取决于环空大小、钻井液黏度、气体与钻井液密度差等因素。

关井状态下，井内容积固定，假如钻井液未发生漏失，气体就不能膨胀，根据波意耳定律，气体体积不变，那么它就会始终保持着原来所承受的压力值不变。如图 4-3 所示，假设井内钻井液密度为 1.20g/cm³，井深为 3000m，0.26m³ 的气体侵入井内关井，此时的井底压力为 35.378MPa，气体所承受的压力就是 35.378MPa。当气体发生运移，而体积未发生变化，那么气体的压力就一直维持 35.378MPa，但气体以上的液柱压力减小，造成井口压力增加，增加的压力就是圈闭压力；同时气体以下的液柱压力也在增加，使得井底压力也增加。所以在关井状态下，气体的滑脱上升会导致整个井筒的压力不断地增加。

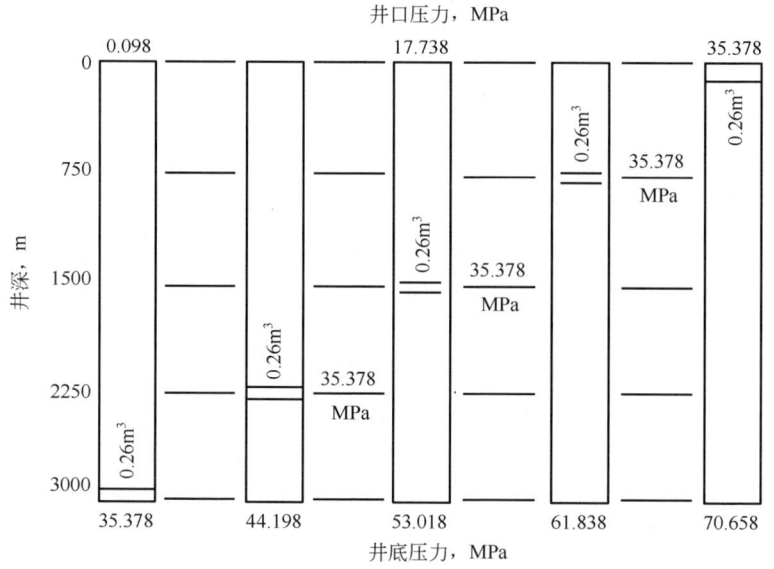

图 4-3 关井状态下气体运移

2. 关井状态下需要注意的事项

（1）在关井状态下，气体在带压滑脱上升过程中，关井立压和关井套压都会不断上升，作用在井眼各处的压力均在不断增大。也就是说，一口关井后井内存在钻井液液柱，而天然气不断在井口聚集的井，比喷空的井在井内不同深度处作用的压力更高。

（2）关井时，井口要承受很高的压力，要求井口防喷装置要有足够高的工作压力。

（3）气体滑脱上升引起井口压力不断升高，不能认为地层压力也在增大，

第四章　气侵特性及其对井内压力的影响

不能录取这时的井口压力来计算地层压力。

（4）不应长时间关井而不做处理。因为长期关井将引起井口、井壁及井底产生过高的压力，井口压力有可能超过井口装置的额定压力而导致井口失控，井壁及井底压力超过薄弱地层承载能力而压漏地层，导致井下复杂。因此，一旦录取完溢流数据，应尽快实现节流循环和压井。

（5）若现场因设备原因不能及时实现循环，无法在短时间内实现节流循环排出井内气体时，应通过调节节流阀控制立压等于或略大于初始关井立压，定时释放掉由于圈闭压力引起的过高压力，以防造成井下的事故复杂。

第五节　浅层气

一、浅层气的危害

浅层气是指埋藏深度比较浅、储量比较小，在目前的技术条件下无开发价值的气层。浅层气的特点是位于浅层，平面分布与总体积都很小，没有规律性，难以预测，但是对施工构成的危害很大。其危害主要表现在以下几个方面：

（1）浅层气储量小，预测困难，钻井过程中常常没有任何征兆就突然出现。

（2）浅层气对井内静液压力波动敏感。在浅层气井段钻进或起下钻，井筒钻井液液柱压力稍不平衡，天然气就会迅速进入井眼。因此钻遇浅层气地层，起钻"拔活塞"最容易引起井喷。

（3）从溢流到井喷演变速度快，容易发生井喷事故。浅层气埋藏深度浅，而气体与液体密度差很大，会产生强烈的置换并滑脱上移。比油、水侵入井筒的速度快，短时间内就会运移到井口造成井喷甚至井喷失控。从溢流出现到井喷发生，往往只间隔几分钟且来势猛烈，在如此短的时间内很难采取有效措施控制溢流或井喷。

（4）浅层气井喷事故处理难度大。浅层气埋藏深度浅且地层疏松，套管鞋处地层承压能力弱，关井易憋漏地层，导致地下井喷；容易憋裂地层并延伸至地面，在井口周围喷出地面，对周围环境与人员造成巨大影响。由于不能有效地控制井口，井喷处理难度比常规井大。

（5）浅层气井喷事故损失大。浅层气井喷会在短时间内将井内钻井液喷空造成井塌以致井眼报废；容易导致井喷失控，井壁砂石块及大量泥砂易随气流喷发出来，使套管及井口装置迅速磨损和失效；喷出的砂石撞击井架，常常引起井喷着火而烧毁钻井设备；一旦气体从井口周围地面喷出，将造成钻机下陷等重大问题。

二、浅层气溢流的预防与处理

目前，对浅层气的预防与处理主要从以下几个方面进行考虑。

1. 钻开浅层气前的准备工作

（1）在可能分布有浅层气的地区钻井，工程设计上要明确浅层气的提示并提出技术措施。在设计时要求制定钻遇浅层气时的应急预案，以便在钻遇时确认是关井还是分流。

（2）进行安全技术交底。施工前组织相关人员认真了解浅层气的危险性，掌握钻探浅层气的工艺技术，提高人员的防范意识，明确各岗位的职责，加强监控，争取尽早发现异常显示。

（3）储备足量重钻井液。开钻前配好重钻井液，密度比正常钻进时的钻井液高 $0.20\sim0.30\text{g/cm}^3$，体积为井眼容积的 $5\sim6$ 倍。

（4）配备安装可靠的分流器。分流器的安装详见第八章第四节相关内容。

（5）按标准对井口装置试压。

（6）配备检测与报警装置。安装钻井参数检测仪、钻井液液面检测报警仪，并检测其可靠程度，特别是钻井液流量传感器必须灵敏可靠。

2. 浅层气井段钻井作业的井控措施

只有在井内下入足够深的套管或导管，并且套管鞋坐于较为坚硬的地层中时才能实施关井，维持井口压力；否则，钻遇浅层气只能分流放喷，不能完全封闭井口。一般情况下，导管或表层套管在软地层下入深度小于500m、在硬地层下入深度小于300m时不能关井，只能进行分流放喷。

1）钻进作业的井控措施

在预测有浅层气的地区钻进时，比较安全的施工步骤为：

（1）钻进时，首先用直径216mm的钻头钻领眼至设计井深。主要考虑较小的井眼泄流面积小，喷出物体积也较小；压井作业时重钻井液在较短时间就可以在环空形成液柱，有利于迅速控制井眼。

第四章 气侵特性及其对井内压力的影响

（2）对裸眼井段进行电测，确认浅层气是否存在。

（3）按所需尺寸进行扩眼后再下套管作业。

表层钻进应坚持使用流量传感器，流量传感器发出的信号比钻井液循环罐或沉砂池液面增加发出的信号来得早，能够尽早发现异常，争取较多的时间和降低处理的难度。由于浅层气井涌多发生在停泵接单根或起下钻过程中，因此钻进和接单根前如有流量异常显示，要停钻并尽量维持循环，一是可以给井底增加一定的附加压力，二是有利于避免浅层气在井内形成集中气柱，便于分散带出。

2）起钻作业的井控措施

起钻作业是浅层气井段井控风险最高的工况，进行起钻前（包括短程起下钻前）应进行抽汲测试：

（1）起钻前，充分循环，确保钻井液具有良好的性能。

（2）停泵进行溢流检查，由于井深较浅，观察 5~10min 即可。

（3）循环 2min。

（4）停泵并大幅度上提和下放来活动钻具 10min。

（5）重新开泵循环，并在地面测量记录钻井液气测值和密度变化，确认停泵后环空循环压耗消失和起管柱的抽汲作用对井底压力的影响情况。

通过抽汲测试，确定可以满足起钻的安全要求时再进行起钻作业，在起钻过程中，还应做好以下井控防控措施：

（1）浅井段起钻时，特别注意起最初几个立柱时，每柱都要将环空灌满钻井液。

（2）在每起 2 个立柱之间，专人观察井口有无钻井液外流。

（3）在起钻过程中，要准确计量灌入的钻井液是否与起出的钻具体积相等，一旦发现有异常显示，立即采取关井分流措施。

（4）对起钻中途的关键节点进行溢流检查。

上述方法是国内外众多石油公司经过长期的生产实践总结出来的，且行之有效的成功经验，能够防控浅层气而不至于在钻进及起钻中突然发生井喷失控。

3. 关井与分流

钻遇浅层气发生溢流，是关井还是分流，取决于最大允许关井套压。在大多数情况下，薄弱地层在距离地面最近的套管鞋处。如果发生井涌而关井，井涌流体就有可能憋裂地层窜到地面上来，使钻机陷入地下，同时也有着火的危险。

对于浅层气，分流的优点多于关井。原则上，当套管下得浅，套管鞋处地层不能承受关井压力或井涌流体有可能沿井口周围窜到地面时均不能关井，应使用分流器放喷。发现浅层气进行分流时，应确保任何情况下井筒都不会完全封闭，即在胶芯关闭环空以前，要提前打开出口闸阀，且在关井分流过程中，一直保持出口闸阀的开启状态。

分流时要同时以最大泵速向井内泵入储备的重钻井液，由于重钻井液的密度不是通过准确计算得到的，压井在某种程度上存在一定的盲目性。可以根据泵入加重钻井液后的放喷情况确定是对压井液继续加重，还是考虑注入重晶石塞或水泥塞，或者等待可能发生的井内坍塌或浅层气压力衰竭后停喷。

第六节 油基钻井液与气侵

一、气体的溶解性

在温度、压力和组分相近的情况下，气体可以溶解于液体中，这种现象称为气体的溶解性。气体的溶解度除与气体本性、溶剂性质有关外，还与温度、压力有关。在压力一定时，其溶解度随着温度升高而减少，因为当温度升高时，气体分子运动速率加快，容易自液体中逸出。由于气体溶解时体积变化很大，故其溶解度随压力增大而显著增大。

在钻井过程中，气体会溶解于钻井液中，也会从钻井液中逸出，气体在环空中存在的状态对环空压力的影响较大。随着压力的增加，气体在水基和油基钻井液中的溶解度随之增加；随着温度的增加，气体在水基和油基钻井液中的溶解度减小。气体在钻井液中的溶解性使得气侵变得更隐蔽，这会影响对溢流的正确判断，以致影响后续的控制措施。

对于水基钻井液，由于甲烷较难溶于水，即便在温度与压力影响下，也只有少量溶于水基钻井液，因此地面溢流监控较为明显，气体的运移都有规律可循，只有钻到富含二氧化碳的气藏时，才会因二氧化碳气体的溶解造成发现和处理的复杂。

使用油基钻井液时，因天然气易溶于油基钻井液，从而导致溢流的发现与处理变得更加复杂。

第四章　气侵特性及其对井内压力的影响

二、使用油基钻井液的注意事项

（1）油基钻井液相对水基钻井液，具有更大的可压缩性，因此停泵后，油基钻井液回流的时间要更长一些。

（2）使用油基钻井液时，当地面发现轻微的溢流量关井后，实际上已经有远大于溢流量的天然气侵入井内。

（3）发生气侵关井后，相同溢流量的情况下，使用油基钻井液比使用水基钻井液所观察到的套压值可能更小，但当气体到达地面时，套压会比预期的更高。

（4）油基钻井液的密度受温度和压力的影响，即便井底的钻井液没有被气侵，也可能出现密度降低的现象。

（5）采用油基钻井液时井控问题相当复杂，因此更要在钻开油气层、在油气层中钻进以及起钻过程中主动采取溢流检查等溢流防控措施。

（6）进行溢流检查时，如果使用水基钻井液观察 15min 即可，使用油基钻井液就应观察至少 30min。

（7）使用油基钻井液时，从发现溢流到演变为井喷会更加迅速和突然，因此更需要现场具备更快控制井口和正确处理溢流的能力。

第五章 关井程序与关井压力求取

发生溢流后现场就要通过井控设备迅速关井，正确有效的关井是防止发生井喷的关键。迅速关井可阻止地层流体继续进入井内；可保持井内有更多的钻井液来维持环空液柱压力；可确保关井后有较低的关井套压值；可准确地计算地层压力和压井液密度。

第一节 关井方法

一、关井的原则

1. 关井要及时、果断

发生溢流后，准确无误地迅速关井是防止井喷的唯一正确措施。发现溢流后关井越早、越快，溢流量就越小，从而可以最大限度地减少静液压力的损失；静液压力越高，井口压力越低，井控作业的风险就越小。所以，应该在发现溢流的第一时间进行关井。

2. 关井套压不能超过最大允许关井套压

关井中为确保地面设备、套管的安全和地层不被压裂，必须控制关井套压不大于最大允许关井套压。最大允许关井套压应是井口装置额定工作压力、套管最小抗内压强度的80%和地层破裂压力所允许的井口关井最大套压值三者中的最小值。通常一口井最薄弱的部分是在最后一层套管鞋下的地层处，即地层破裂压力所允许的井口关井最大套压值最小。

第五章 关井程序与关井压力求取

二、管汇各阀门开关状态

正常待命工况下 35MPa 压力级别的节流、压井管汇和防喷管线各阀门的编号如图 5-1 所示。根据 SY/T 5964—2019《钻井井控装置组合配套、安装调试与使用规范》，管汇上各阀门的开关状态参见表 5-1。

表 5-1 管汇上各阀门开关位置

阀门编号	阀门类型	开关状态
$2^\#$、$3^\#$、J_{2a}、J_{2b}、J_{3a}、J_5、J_{6a}、J_7、J_8	平板阀	开
J_1、J_4	节流阀	半开（开 3/8~1/2）
$1^\#$、$4^\#$、J_{3b}、J_{6b}、J_9、J_{10}、Y_1、Y_2、Y_3	平板阀	关

三、软关井与硬关井

发生溢流后有两种关井方法：一是硬关井，指一旦发现溢流或井涌，立即关闭防喷器的关井方法；二是软关井，指发现溢流关井时，先打开节流管汇一侧的通道，再关防喷器，最后关闭节流管汇的关井方法。

硬关井时，由于关井动作比软关井少，所以关井速度快，但井口防喷器受到"水击效应"的作用，特别是溢流发现得晚，高速油气冲向井口时，对井口防喷器作用力很大，存在一定的危险性。软关井的关井时间长，但它防止了"水击效应"作用于井口，还可以在关井过程通过逐步关闭节流阀进行试关井，防止过高的套压造成关井失败。

硬关井的主要优点是地层流体进入井筒的体积小，即溢流量小，而溢流量是井控作业能否成功的关键。因此，在一些要求溢流量尽可能小的井中，例如含硫油气井，如果井口设备和井身结构具备条件，可以考虑使用硬关井。另外，若能做到尽早地发现溢流显示，则硬关井产生的"水击效应"就较弱，也可以使用硬关井。按硬关井制定的关井程序比按软关井制定的关井程序简单，控制井口的时间更短。作业现场关井程序的选择，还要依据各油气田井控实施细则的规定和根据现场具体情况来确定。

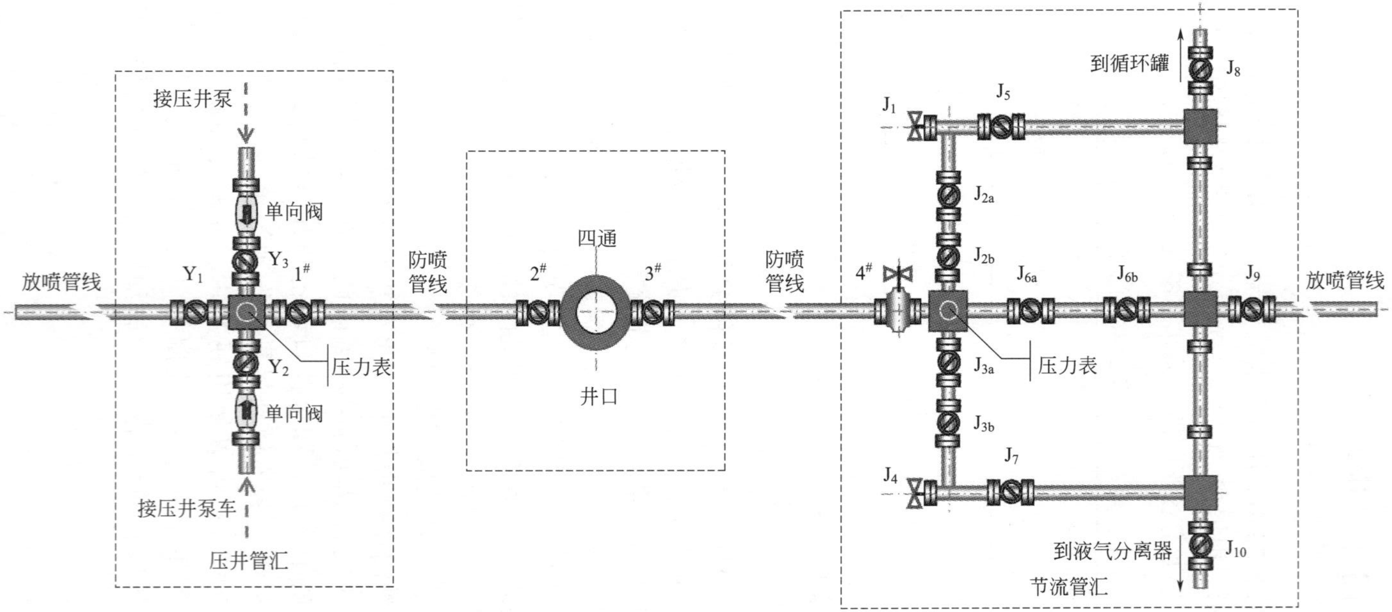

图 5-1 井控管汇各阀门编号示意图

第五章 关井程序与关井压力求取

第二节 常规关井程序

具体的关井程序由于各油田的规定不同而略有差别。但有一点是共同的：必须关闭防喷器，以最快的速度控制井口，阻止溢流的进一步发展。

一、软关井操作程序

1. 钻进时发生溢流

（1）发出报警信号。由司钻发出不少于15s的长笛报警信号，其他岗位人员按照井控岗位分工，迅速到达关井操作位置。

（2）停转盘（停顶驱），停泵，上提钻具至合适位置。司钻停止钻进作业，上提钻具使钻头提离井底，使钻杆接头提出转盘面0.5m左右。对于高底座钻机，要避免钻杆接头处于防喷器半封闸板关闭的位置。

（3）开启液（手）动平板阀。如果4#平板阀是液动平板阀，安装有司钻控制台时，由司钻通过司钻控制台打开液动平板阀，副司钻在远程控制台观察液动平板阀控制手柄的开关状态；未安装司钻控制台时，由副司钻通过远程控制台打开液动平板阀。如果4#平板阀为手动平板阀，则由相关岗位人员负责打开手动平板阀。

（4）关防喷器。由司钻发出两声短笛的关井信号后，关闭防喷器。如安装了司钻控制台，由司钻通过司钻控制台关防喷器，副司钻在远程控制台观察防喷器相应控制手柄的开关状态，若发现防喷器控制手柄没有到位或司钻控制台操作失误，要立即纠正；如未安装司钻控制台，由副司钻在远程控制台关防喷器。防喷器组合中有环形防喷器时，先关环形防喷器。有两套可用半封闸板时，若需关闭半封闸板，优先使用上半封闸板防喷器。

（5）关节流阀试关井。如果是液动节流阀，由相关岗位人员操作节流管汇控制箱关闭液动节流阀；如果是手动节流阀，则直接操作节流阀实施关闭。对于不能断流的节流阀，在节流阀关闭到位后还要将该阀上游的平板阀关闭，实现完全关井。

（6）录取关井立压、关井套压及钻井液增量。关井后，相关岗位人员

观察并记录关井立压、关井套压以及钻井液增减量，并汇报给司钻和值班干部。

2. 起下钻杆时发生溢流

（1）发出报警信号。

（2）停止起下钻杆作业。司钻操作将井口钻杆坐在转盘上，组织做好抢装钻具内防喷工具的准备。

（3）抢装钻具内防喷工具。由司钻组织井口人员抢装钻具止回阀或旋塞阀。内防喷工具接好且已经控制钻具水眼后，将钻具提离转盘，并确保钻杆接头避开防喷器半封闸板关闭的位置。

（4）开启液（手）动平板阀。在抢装钻具内防喷工具过程中，就可同时打开平板阀。

（5）关防喷器。

（6）关节流阀试关井，关其上游平板阀。

（7）录取关井立压、关井套压及钻井液增量。

3. 起下钻铤时发生溢流

（1）发出报警信号。

（2）停止起下钻铤作业。由司钻操作将井口钻铤坐在转盘上，组织做好抢接防喷单根或防喷立柱的准备工作。

（3）抢接防喷单根或防喷立柱。根据设备和井口情况，司钻组织抢接防喷单根或防喷立柱，接好且已经控制钻具水眼后，调整钻具高度，确保钻铤及钻杆接头避开防喷器半封闸板关闭的位置。

（4）开启液（手）动平板阀。在抢装防喷单根或防喷立柱过程中，就可同时打开平板阀。

（5）关防喷器。

（6）关节流阀试关井，关其上游平板阀。

（7）录取关井立压、关井套压及钻井液增量。

4. 空井时发生溢流

（1）发出报警信号。

（2）开启液（手）动平板阀。

（3）关全封闸板防喷器。

（4）关节流阀试关井，关其上游平板阀。

（5）录取关井套压及钻井液增量。

二、硬关井操作程序

1. 钻进时发生溢流

（1）发出报警信号。

（2）停转盘，停泵，上提钻具至合适位置。

（3）关防喷器，实现关井。

（4）关节流阀上游的平板阀。

（5）开启液（手）动平板阀。

（6）录取关井立压、关井套压及钻井液增量。

2. 起下钻杆时发生溢流

（1）发出报警信号。

（2）停止起下钻杆作业。

（3）抢装钻具内防喷工具。

（4）关防喷器，实现关井。

（5）关节流阀上游的平板阀。

（6）开启液（手）动平板阀。

（7）录取关井立压、关井套压及钻井液增量。

3. 起下钻铤时发生溢流

（1）发出报警信号。

（2）停止起下钻铤作业。

（3）抢接防喷单根或防喷立柱。

（4）关防喷器，实现关井。

（5）关节流阀上游的平板阀。

（6）开启液（手）动平板阀。

（7）录取关井立压、关井套压及钻井液增量。

4. 空井时发生溢流

（1）发出报警信号。

（2）关全封闸板防喷器，实现关井。

（3）关节流阀上游的平板阀。

（4）开启液（手）动平板阀。

（5）录取关井套压及钻井液增量。

第三节 关井中容易出现的错误

关井操作中的错误做法会使井眼控制更加复杂,甚至导致失控,应坚决杜绝。在关井操作中容易出现的错误主要包括以下方面。

一、发现溢流后不及时汇报与关井

发现溢流后若不及时汇报与关井,只能使侵入井内的地层流体越来越多,溢流更加严重。特别是天然气溢流,由于气体在向上运移中气体的体积膨胀,会排出更多的钻井液,很容易诱发井喷。同时还会造成关井和压井时井口、套管、地层承受更高的压力,甚至超过允许值,致使关井和压井变得复杂和困难。因此,发现溢流显示后无论严重与否,必须及时迅速地关井。

二、在钻具水眼敞开的情况下关闭环空

起下钻过程中发生溢流,应首先确保钻具内防喷工具已经控制钻具水眼,再关闭防喷器控制环空。如果直接关闭防喷器控制环空,将迫使井内流体从钻具水眼内喷出,使得在井口抢装钻具内防喷工具更加困难,甚至导致井口失控。

三、关井后不对密封情况进行确认

关井动作完成后,就认为控制住井口,如不对相关重点部件进行检查确认,小的泄漏会逐步导致封井的失败。关井后,现场人员要立即对关井后的设备密封情况进行确认,确保封井的有效。一是观察井口出口管是否有液流,确认防喷器封闭环空密封有效;二是观察节流压井管汇下游的放喷管线出口、回收管线出口等是否有液流,确认节流压井管汇闸阀关闭密封有效;三是检查确认钻具水眼关闭密封有效。同时还要检查防喷器液控系统各管线的连接、闸板防喷器活塞杆二次密封处的观察孔、套管头侧通道及法兰顶丝等处,确保各处密封可靠。关井后及压井作业时,若有较高的立压时,还要注意检查

钻井泵安全阀的设定值是否满足后续作业要求。

四、未泄压情况下就实施开井

防喷器进行试压或压井后，未进行泄压检查的情况下就直接液压开井，这样不仅会导致打开的井口可能突然喷溅出钻井液，还容易刺坏闸板前密封或损坏闸板。因此任何情况下，在开井时都要首先打开节流管汇的通道，相关岗位人员在确认出口管无液流的情况下，再打开防喷器。开井程序为：

（1）发三声短笛开井信号。
（2）打开节流阀上游平板阀和回收管线上的平板阀。
（3）开节流阀。
（4）观察回收管线出口，确认无液流。
（5）打开防喷器。
（6）井控设备恢复待命状态。

第四节　关井压力及相互关系

溢流关井后井筒的钻井液静液压力不能有效地平衡地层压力，井底就会出现负压差，由于负压差的存在，地面将形成回压，在地面回压和井内钻井液静液压力的共同作用下使得井底压力能平衡地层压力，阻止更多地层流体流入井筒。此时在钻具一侧形成的地面回压称为关井立压，其值的大小是地层压力和钻具内钻井液静液压力的差值；在环空一侧的地面回压称为关井套压，其值的大小是地层压力和环空一侧静液压力的差值，关井立压和关井套压统称为关井压力。

一、U形管原理

当钻具在井底时，钻具水眼通过钻头水眼在井底与环空连通，将钻柱和环空视为一个连通的U形管，钻具水眼和环空可看作U形管的两侧，井底所在地层视为U形管底部。可用U形管原理描述井筒压力系统：在钻柱、环空、地层组成的U形管系统中，相互之间连通，它们之间的液体压力可以传递，U

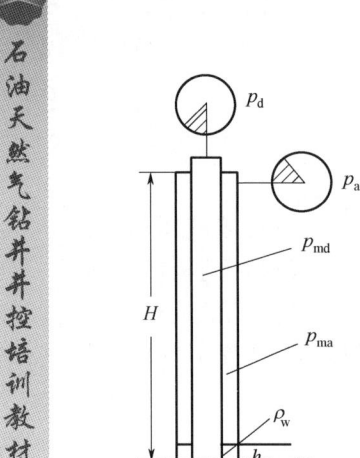

图 5-2 关井压力示意图

形管底部是一个压力平衡点,此处的压力可通过 U 形管的任意一侧求得。溢流关井后,随着地层流体流入井筒,关井压力逐渐上升,井底压力也随之增加。当井底压力与地层压力达到平衡时,负压差消失,地层流体不再流入井筒,关井压力达到稳定状态,如图 5-2 所示。

钻柱、环空、井底、地层的压力关系式为:

$$p_d + p_{md} = p_a + p_{ma} = p_b = p_p \tag{5-1}$$

式中 p_d——关井立压,MPa;

p_{md}——钻柱内液柱压力,MPa;

p_a——关井套压,MPa;

p_{ma}——环空液柱压力,MPa;

p_b——井底压力,MPa;

p_p——地层压力,MPa。

当关井压力稳定时,井底压力与地层压力达到平衡状态,此时井底压力等于地层压力。井底压力可由钻具和环空两侧计算,由这一关系式可知,地层压力可由关井立压和关井套压两个方向进行求取,但由于环空受进入井筒地层流体的影响,钻井液密度难以精确计算,因此一般由关井立压计算地层压力。

二、关井立压与关井套压的关系

1. 关井立压与关井套压都等于零

当钻进时采用的钻井液密度能够平衡地层压力,并且钻井液附加的当量钻井液密度符合要求,钻开油气层后,地层中的天然气通过岩屑气侵、扩散气侵、置换气侵等方式侵入井眼环形空间,随着钻井液的循环不断上升,侵入气体受到的液柱压力降低,体积逐渐膨胀,从而推动上部钻井液从井口向外流出,停泵后,出口管就有溢流的显示。关井后,环空气侵的钻井液液柱压力降低较小且仍然能平衡地层压力。此时就会出现关井立压、关井套压都等于零的现象。

2. 关井立压为零,关井套压大于零

当钻进时所采用的钻井液密度能够平衡地层压力,但是在钻井作业过程

第五章 关井程序与关井压力求取

中由于地层流体侵入，未及时采取措施，进一步使得环空当量钻井液密度降低，导致溢流的发生。此种情况下由于地层流体会较多地侵入到井筒环空，就会使环空的液柱压力小于地层压力，关井后需要地面回压辅助平衡地层压力，从而出现关井套压大于零的显示；而钻柱内的钻井液没有地层流体侵入或侵入非常少，钻柱内的钻井液当量密度下降可以忽略，仍然能平衡地层压力，所以关井后，观察到的关井立压为零。

3. 关井立压、关井套压都大于零，并且关井套压大于关井立压

当地层流体侵入井内，且所采用的钻井液密度不能平衡地层压力，就会出现关井立压、关井套压都大于零的显示。发生溢流时，地层流体进入井筒，由于环空间隙相对于钻头水眼尺寸而言更大，地层流体更容易侵入井筒环空，地层流体的密度通常低于钻井液密度，使得环空静液压力下降，低于钻柱内静液压力。根据U形管原理可知钻柱和环空两侧在井底形成总压力相等，即关井立压和钻柱内液柱压力的总压力等于关井套压和环空液柱压力的总压力。由于环空液柱压力低于钻具内液柱压力，因此会观察到关井套压高于关井立压。

4. 关井立压等于关井套压且大于零

发生溢流后，正常情况下关井套压会高于关井立压。但在一些特殊情况时，关井立压也会出现等于关井套压的现象。比如发生溢流关井后，钻头在溢流层位之上或溢流层以上钻具有刺漏点，地层侵入物对钻具一侧静液压力影响和对环空一侧的影响相同，因此关井立压等于关井套压，此时读取的关井立压不能准确地反映地层压力情况，不可用于计算压井液密度。水平井发生溢流后，侵入井筒环空的地层流体在水平段，侵入的流体不会影响环空的静液压力，此种情况下环空液柱压力与钻柱内液柱压力相同，因此关井立压等于关井套压。此时关井立压可准确地反映地层压力，可用于计算地层压力，但是仅通过关井套压就无法准确了解地层流体侵入的程度，还需根据溢流增量来进行判断。

第五节 关井立压的确定

关井立压是关井后钻柱一侧的地面回压，是压井作业的关键数据之一，主要用于计算地层压力、压井液密度和初始循环立管压力。关井立压的准确

读取是成功压井的前提条件。

一、钻具中未安装钻具止回阀时关井立压的确定

钻具中未安装钻具止回阀,或所安装的钻具浮阀带有传压孔,此时关井立压可直接从立管压力表上读取。但需要注意的是,发生溢流后由于井筒周边的地层流体已进入井筒,致使井眼周围的地层压力下降,形成了压降漏斗,此时井筒周边的地层压力要低于实际地层压力,离井筒越远的地层越接近或等于原始的实际地层压力。只有当井筒周边的地层压力恢复到原始的实际地层压力,此时读到的关井立压值才是真正的地层压力与钻柱内钻井液静液压力之差。

井筒周围地层压力恢复到实际地层压力时间的长短和地层压力与井底压力的差值、地层流体特征、地层渗透率等因素有关。为了更准确地确定正确的关井立压,一般是在关井后每2min记录一次关井立压和关井套压,找出关井立压数据趋于平稳的拐点,这个拐点所对应的压力值就是准确的关井立压。一般情况下,待关井后10~15min,井眼周围的地层压力恢复到原始地层压力,此时读取的立管压力值才是地层压力与钻柱内钻井液静液压力之差。

二、钻具中安装钻具止回阀时关井立压的确定

如果钻具中所装的是普通的钻具止回阀,则不能直接读取关井立压,可以采用不循环法和循环法确定。

1. 不循环法

不循环法又称为顶开法,在不清楚压井泵速和该泵速下的循环压力时采用此方法,具体操作如下:

(1)在井完全关闭的情况下,缓慢启动泵,以小排量的方式向钻具内泵入钻井液。

(2)注意观察套压,当套压出现变化,升高0.5~1MPa时停泵,读出此时的立管压力值(p_{d1})。

(3)从读出的立管压力值中减去套压升高值(Δp_a),即为所测定的关井立压值。

$$p_d = p_{d1} - \Delta p_a \tag{5-2}$$

第五章 关井程序与关井压力求取

式中　p_d——关井立压，MPa；
　　　p_{d1}——停泵时立管压力，MPa；
　　　Δp_a——关井套压升高值，MPa。

使用不循环法求取关井立压时，由于是在关井状态下强行向井内泵入钻井液，因此要控制泵入量，关井套压略有增加即可，防止过高的压力憋漏地层。

2. 循环法

循环法是在清楚压井泵速和该泵速下的循环压力时采用，具体操作如下：
(1) 缓慢启动泵，缓慢打开并调节节流阀保持套压等于关井套压。
(2) 保持套压始终等于关井套压，使泵速达到压井泵速。
(3) 读出立管总压力（p_T），此时的立管总压力是关井立压和循环压力值的总和。用立管总压力减去该泵速下的循环压力（p_{ci}），其差值则为关井立压值。

$$p_d = p_T - p_{ci} \tag{5-3}$$

式中　p_d——关井立压，MPa；
　　　p_T——立管总压力，MPa；
　　　p_{ci}——已知泵速下的循环压力，MPa。

使用循环法求取关井立压时，尽量保持套压等于关井套压，但实际控制时，压力可以略高于关井套压，可在循环法求取的关井立压基础上，再减去套压的升高值即可。

针对钻具中有浮阀的情况，不论是采用循环法还是不循环法，均需先将钻具内灌满钻井液，再进行关井立压的确定，尤其下钻过程中在关井后的立压求取时更要注意。

第六章 常规压井方法简介

常规压井方法一般指井底常压法压井，是向失去压力平衡的井内泵入高密度的钻井液，并始终控制井底压力等于或略大于地层压力，以重建和恢复压力平衡的作业。压井过程中，通过控制节流阀开启度来控制一定的井口回压，实现井底压力等于或略大于地层压力。

第一节 压井原理

压井过程仍然是以 U 形管原理为依据进行的。把井眼循环系统想象成一个 U 形管，钻柱水眼是 U 形管的一侧管柱，环空是 U 形管的另一侧管柱，井底则相当于 U 形管的底部。U 形管的基本原理是 U 形管底部是一压力平衡点，左右两侧管内的压力在此处达到平衡。应用在井控压井作业中，即井底压力的大小可以通过分析管柱内压力或环空压力而获得，并且通过改变环空压力或节流阀回压来控制井底压力，同时影响立管压力使之产生同样大小的变化。

在压井循环时，井内存在以下平衡关系：

$$p_T - p_{cd} + p_{md} = p_b = p_a + p_{ma} + p_{bp} \tag{6-1}$$

式中 p_T——循环时立管总压力，MPa；
p_{cd}——钻柱内压力降，MPa；
p_{md}——钻柱内静液压力，MPa；
p_b——井底压力，MPa；
p_a——环空回压，MPa；
p_{ma}——环空静液压力，MPa；
p_{bp}——环空流动阻力，MPa。

压井循环时，随着压井钻井液的逐渐泵入，钻柱内静液压力 p_{md} 逐渐增大，要维持井底压力略大于地层压力并保持不变，可以通过逐渐降低循环立管总压力 p_T 来实现，而循环立管总压力又是通过调节节流阀的开启程度控制的。可见，压井循环时的总立管压力可作为判断井底压力的压力计使用。

第六章　常规压井方法简介

压井过程中要保持压井排量不变，钻柱内压力降 p_{cd} 才不会变，才能实现作用于井底的压力不变。另外，环空流动阻力 p_{bp} 数值比较小，它会使井底压力略有增加，作为井底的附加压力有利于平衡地层压力，通常忽略不计。

第二节　常规压井程序

常规压井方法包括关井立压为零的压井和关井立压不为零的压井。关井立压为零的原因是钻井液的静液压力可以平衡地层压力，发生溢流是因为抽汲、井壁扩散气、岩屑气等进入井内的气体膨胀所致，其处理方法如下：

（1）当关井套压也为零时，保持钻进时的排量和泵压，用原密度钻井液敞开井口循环，排除受侵钻井液就可恢复井的压力控制。根据现场施工井的情况，很多情况下通过节流管汇循环的方式更为安全。

（2）当关井套压不为零时，通过节流管汇节流循环，控制循环立压保持井底压力略大于地层压力，使用原密度钻井液排除受污染的钻井液，当循环一个迟到时间原密度钻井液返出井口或观察到套压为零时，停止循环。

上述两种情况经循环排除溢流后，进行溢流检查，确认开井状态下无溢流显示，再进行短程起下钻来检验判断是否需要调整钻井液密度，然后恢复正常作业。

关井立压和关井套压都不为零时，说明在用的钻井液密度不能平衡地层压力，需加重钻井液进行压井。常规压井方法主要有司钻法、工程师法和边循环边加重法。

一、司钻法压井

司钻法压井是发生溢流关井求压后，第一循环周用原密度钻井液循环，排除环空中已被地层流体污染的钻井液，第二循环周再将压井液泵入井内替换井内的原密度钻井液，用两个循环周完成压井，压井过程中保持井底压力不变。司钻法压井通过两个循环周完成压井，所以又称为二次循环法压井。压井步骤如下：

（1）录取关井资料，计算压井所需数据，填写压井施工单，作为压井施工的依据。根据需要也可绘制"立管压力控制进度曲线"，供压井施工时参考。

(2) 第一循环周。用原钻井液循环排除溢流。

① 缓慢开泵,同时逐渐打开节流阀,调节节流阀使套压等于关井套压并维持不变,直到排量达到选定的压井排量。

② 保持压井排量不变,调节节流阀使立压等于初始循环立管压力 p_{Ti},在整个循环周保持不变。压力在不同介质中的传播速度等于该介质内部声音传播的速度。因此在调节节流阀时,要注意压力传递的迟滞现象。

③ 排除溢流,停泵关井,关井套压应等于关井立压。在排除溢流的过程中,应配制压井钻井液,为下步压井做好准备。

(3) 第二循环周。泵入压井液压井,重建井内压力平衡。

① 缓慢开泵,同时逐渐打开节流阀,调节节流阀使套压等于关井套压并维持不变。

② 排量逐渐达到压井排量并保持不变。在压井液从井口到钻头这段时间内,调节节流阀,控制套压等于关井套压并保持不变,此期间立压由初始循环立管压力逐渐下降至终了循环立管压力。

③ 压井液出钻头沿环空上返,调节节流阀,控制立压等于终了循环立管压力 p_{Tf},并保持不变。当压井液返出井口后停泵关井,关井立压及关井套压应都为零。然后开井,若井口无外溢,则说明压井成功。

二、工程师法压井

工程师法压井是指发现溢流关井后,先配制压井钻井液,然后将配制好的压井液直接泵入井内,在一个循环周内将溢流排除并建立压力平衡的方法,在压井过程中保持井底压力不变。工程师法压井又称为一次循环法压井或等待加重法压井。压井步骤如下:

(1) 录取关井资料,计算压井所需数据,填写压井施工单。压井施工单与司钻法压井施工单相同,但工程师法压井必须绘制"立压控制进度曲线",作为压井施工控制立压变化的依据。

(2) 配制压井液。压井液密度要均匀,其他性能尽量与井内钻井液保持一致。

(3) 将压井钻井液泵入井内,开始压井施工。

① 缓慢开泵,逐渐打开节流阀,调节节流阀,使套压等于关井套压不变,直到排量达到选定的压井排量。

第六章　常规压井方法简介

② 保持压井排量不变，在压井液由地面到达钻头这段时间内，调节节流阀，控制立压按照"立管压力控制进度曲线"变化，由初始循环立管压力逐渐下降到终了循环立管压力。

③ 压井液返出钻头，在环空上返过程中，调节节流阀，使立压等于终了循环立管压力并保持不变，直到压井液返出井口，停泵关井，检查关井套压、关井立压是否为零，如为零则开井，开井无外溢，则说明压井成功。

三、常规压井的基本原则

（1）在整个压井过程中，始终保持压井排量不变。
（2）采用小排量压井，一般压井排量为钻进排量的 1/3~1/2。
（3）压井钻井液量一般为井筒有效容积的 1.5~2 倍。
（4）压井过程中要保持井底压力恒定并略大于地层压力，通过控制地面回压（立压或套压）来达到控制井底压力的目的。
（5）压井钻井液密度均匀，且在一个循环周内，压井液密度不应发生变化。
（6）要保证压井施工的连续性。

四、压井作业应注意的问题

（1）开泵与节流阀的调节要协调。从关井状态改变为压井状态时，开泵和打开节流阀应协调，节流阀开得太大，井底压力就降低，地层流体可能侵入井内；节流阀开得太小，套压升高，井底压力过大，可能压漏地层。

（2）控制排量。整个压井过程中，必须用选定的压井排量循环并保持不变，由于某种原因必须改变排量时，必须重新测定压井时的循环压力，重新计算初始循环立管压力和终了循环立管压力。

（3）控制好压井钻井液密度。压井钻井液密度要均匀，其大小要能平衡地层压力。压井时不建议增加压井钻井液密度附加值，应在压井结束打开井口后，再调整钻井液密度，在安全钻井液密度窗口值较小的地层，尤其重要。为确保压井期间井底压力略大于地层压力，可以在操作节流阀时增加 0.7~1.4MPa 的控制压力。

（4）要注意立管压力的滞后现象。压井过程中，通过调节节流阀控制立压、套压，从而达到控制井底压力的目的，压力从节流阀处传递到立管压力表上，要滞后一段时间，滞后时间的长短主要取决于井液的密度、井深、溢流的种类及溢流的严重程度等。

（5）节流阀堵塞或刺坏。钻井液中的砂粒、岩屑很可能堵塞节流阀；高速液流也可能刺坏节流阀。堵塞时套压升高，解决的办法是迅速打开节流阀，疏通后，迅速关回到原位，若不能成功，应改用备用节流阀。若节流阀刺坏严重，应改用备用节流阀。

（6）钻具刺坏。钻具刺坏，泵压下降，泵速提高；钻具断脱，悬重减小，泵压会更低。可停泵关井观察立压和套压，若两者相等，说明溢流在断口下方。若是气体溢流，可以让气体上升到断口上方，再用高密度钻井液压井；若关井套压大于关井立压，说明溢流已经在断口上方，可立即用高密度钻井液压井。若刺漏点距地面较近，具备条件时，可采取强行起钻的方式，起出刺坏的钻杆，再采取强行下钻或其他措施。

（7）钻头水眼堵。部分水眼堵时，立压迅速升高，而套压不变。待压力稳定后，记下当前立压和套压，停泵关井。确定新的立压值后，再继续压井；水眼完全堵死，不能循环时，先关井，再进行钻具内射孔，然后压井。等待射孔期间，现场可使用体积法合理控制井口压力。

（8）井漏。压井过程中若发生井漏，应先进行堵漏作业，然后再进行压井。

第七章 井控设备概述

在油气井钻井过程中,钻井液液柱压力是平衡地层压力、控制溢流、防止井喷的主要因素,是实现井筒完整性的第一道屏障。井控设备则是在地层压力超过钻井液液柱压力时,及时发现溢流,控制井内压力,避免和排除溢流,以及防止及处理井喷和井喷失控的重要设备。井控设备是实现井筒完整性第二道屏障的关键组件,是实施井控工艺技术的保证。

对于井控设备,不但配套要满足所钻井区块井控风险作业要求,还要标准化安装、正确操作和科学维护。因此,要求钻井作业相关人员对井控设备必须具备一定的理论知识和技能,使井控设备发挥其应有的工作效能,确保钻井作业的安全、优质与高效。

第一节 井控设备的功能

井控设备是指实施油气井压力控制技术所需的专用设备、管汇、工具、仪器和仪表等。

在钻井过程中,为了防止地层流体侵入井内,始终要保持井筒内的钻井液静液压力略大于地层压力。但在实际施工中,常因多种因素的影响,使井内压力平衡遭到破坏而出现溢流,甚至井喷,这时就需要依靠井控设备控制井口并实施压井作业,重新恢复对油气井的压力控制。有时井口设备严重损坏,油气井失去压力控制,这时就需要采取紧急抢险措施,进行井喷抢险作业。井控设备应具有以下主要功能:

(1)及时发现溢流。在钻井过程中,利用专用仪器、仪表等能够对地层压力、钻井参数、钻井液量等进行实时监测,以便及时发现溢流显示,尽早采取控制措施。

(2)能够关闭井口,控制溢流。溢流发生后,利用钻具内防喷工具和防喷器迅速关闭井口,密封钻具内和环空的压力,防止发生井喷,并通过建立足够的井口回压,实现对地层压力的二次控制。

(3)压井作业时,井内流体可控制地进行排放。实施压井作业时,控制节流管汇上节流阀开启度来维持足够的井底压力,重建井内压力平衡。也可通过节流管汇控制流体流动方向。

(4) 允许向钻柱内或环空泵入钻井液、压井液或其他流体。

(5) 在必要时能够利用关闭状态的环形防喷器、闸板防喷器或专用的强行起下钻装置,将钻具强行下入井中或从井中起出钻具。

井控设备是钻井设备中必不可少的系统装备。井控设备是对油气井实施压力控制,对溢流进行监测、控制、处理的关键手段,是实现安全钻井、预防井喷的可靠保证。

第二节　井控设备的组成

井控设备包括井口装置、控制装置、井控管汇、钻具内防喷工具、井控仪表、辅助设备和专用设备等。典型的井控设备组成如图 7-1 所示。

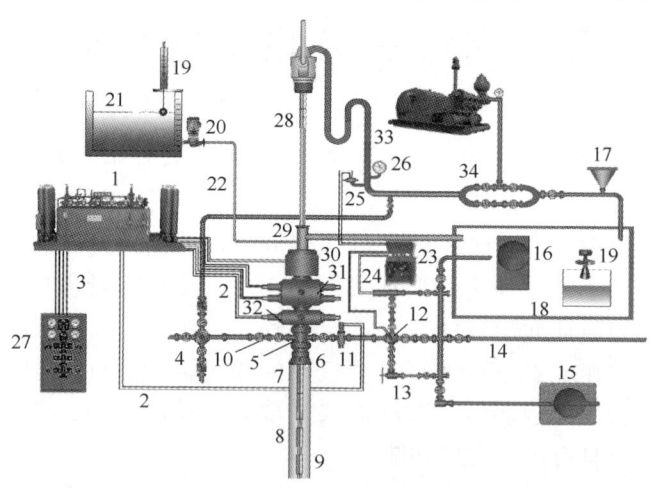

图 7-1　井控设备配套示意图

1—远程控制台;2—防喷器液控管线;3—远程控制台气管缆;4—压井管汇;5—钻井四通;6—套管头;7—方钻杆下旋塞阀;8—旁通阀;9—钻具止回阀;10—手动平板阀;11—液动平板阀;12—套管压力表及套管压力传感器;13—节流管汇;14—放喷管线;15—钻井液液气分离器;16—真空除气器;17—钻井液加重混合漏斗;18—钻井液循环罐;19—钻井液循环罐液面监测传感器;20—灌浆泵;21—灌浆罐;22—灌浆管线;23—节流控制箱;24—液动节流阀控制管线;25—立管压力传感器;26—立管压力表;27—司钻控制台;28—方钻杆上旋塞阀;29—防溢管;30—环形防喷器;31—双闸板防喷器;32—单闸板防喷器;33—立管;34—地面高压管汇

第七章　井控设备概述

井控设备具体由以下几部分组成：

（1）井口装置：主要包括环形防喷器、闸板防喷器、分流器、旋转防喷器、钻井四通及套管头等。

（2）控制装置：主要包括远程控制台、司钻控制台、辅助控制台等。

（3）井控管汇：主要包括节流管汇、压井管汇、防喷管线、放喷管线、反循环管线、钻井液回收管线等。

（4）钻具内防喷工具：主要包括方钻杆上下旋塞阀、顶驱液动和手动旋塞阀、钻具止回阀（箭形止回阀、投入式止回阀、钻具浮阀等）、防喷单根、防喷立柱等。

（5）井控仪表：主要包括钻井液液面监测报警仪、返出流量监测报警仪、钻井泵泵冲记数仪、有毒有害及易燃易爆气体检测报警仪和钻井液温度、密度等参数的检测仪器等。

（6）辅助设备：主要包括钻井液液气分离器、钻井液除气器、加重装置、起钻自动灌浆装置、点火装置等设备。

（7）专用设备：主要包括强行起下钻装置、灭火设备、带压密封钻孔装置、水力切割工具及拆装井口工具等。

钻井作业现场一般应配齐的井控设备有：液压防喷器、节流压井管汇、控制装置、套管头、方钻杆上下旋塞阀（或顶驱液动和手动旋塞阀）、钻具止回阀、钻井液液气分离器、起钻灌浆装置和循环罐液面监测装置等。强行起下钻装置、灭火设备、带压密封钻孔装置、水力切割工具及拆装井口工具等是用于特殊井控作业的井控设备。

第三节　液压防喷器简介

防喷器是井控设备的核心设备，其质量和性能优劣直接影响油气井压力控制的成败。为保障钻井作业的井控安全，钻井现场配备的为液压防喷器，其规格和特点如下。

一、液压防喷器的基本规格

1. 额定工作压力

液压防喷器的额定工作压力是指防喷器安装在井口投入工作时所能承受

的最大井口压力，其单位用兆帕（MPa）表示，额定工作压力是防喷器的强度指标。

国内常用的液压防喷器的额定工作压力有6个压力级别，即：14MPa、21MPa、35MPa、70MPa、105MPa、140MPa。液压防喷器的额定工作压力对应的压力级别如表7-1所示。

表7-1　液压防喷器的额定工作压力

压力级别，MPa	额定工作压力	
	MPa	psi
14	13.8	2000
21	20.7	3000
35	34.5	5000
70	69.0	10000
105	103.5	15000
140	138.0	20000

2. 公称通径

液压防喷器的公称通径是指防喷器的上下垂直通孔直径，其单位用毫米（mm）表示，公称通径是防喷器的尺寸指标。

国内液压防喷器的公称通径尺寸有10种规格，即：179.4mm、228.6mm、279.4mm、346.1mm、425.4mm、476.2mm、527.0mm、539.8mm、679.5mm、762.2mm。液压防喷器的公称通径尺寸对应的通径代号如表7-2所示。

表7-2　液压防喷器的通径代号与公称尺寸

通径代号	公称尺寸，mm（in）	通径代号	公称尺寸，mm（in）
18	179.4（7$\frac{1}{16}$）	48	476.2（18$\frac{3}{4}$）
23	228.6（9）	53	527.0（20$\frac{3}{4}$）
28	279.4（11）	54	539.8（21$\frac{1}{4}$）
35	346.1（13$\frac{5}{8}$）	68	679.5（26$\frac{3}{4}$）
43	425.4（16$\frac{3}{4}$）	76	762.2（30）

3. 尺寸与重量参数

在配备和安装液压防喷器时，应考虑防喷器的尺寸与重量参数，根据井控风险等级与现场井架底座、井口的实际情况，确定防喷器组合。由于各个防喷器生产厂家所生产的设备尺寸与重量等参数不尽相同,而且同厂家、同型号的防喷器随着技术的不断改进,尺寸与重量参数也在发生变化。因此,在实际选择防喷器时,须参照相关产品说明书。

二、液压防喷器的特点

1. 关井动作迅速

出现溢流时,要求防喷器能够迅速关闭,控制住井口,防止事态进一步发展。防喷器的关井时间主要取决于控制装置的控制能力、所用液压油黏度、地面液控管线的内径及长度、防喷器液缸容积以及防喷器部件的密封及磨损程度等。

根据 SY/T 5964—2019《钻井井控装置组合配套、安装调试与使用规范》中规定:闸板防喷器的关闭时间不应超过 10s;通径小于 476mm 的环形防喷器,关闭时间不应超过 30s;通径等于及大于 476mm 的环形防喷器,关闭时间不应超过 45s。

2. 关井操作方便

防喷器的关井操作方便,以便在紧急情况下迅速关井。液压防喷器利用液压油以液压传动方式推动闸板动作,而不是采用纯机械传动的方法,操作者只需在远程控制台或司钻控制台操作就能使液压防喷器迅速关闭,控制井口。同时还可以使用辅助控制装置进行远程遥控操作关井。

3. 密封安全可靠

一旦关井后,井口压力会直接作用于防喷器上,尤其是当井内钻井液喷空时,大部分地层压力就将直接作用于防喷器上。因此要求防喷器的壳体必须要有足够的机械强度,密封件密封必须安全可靠。防喷器在出厂前壳体组件都要按照有关标准严格进行试压检验,防喷器在井控车间及现场安装后,都要按规定进行试压,从而确保其密封安全可靠。

4. 现场维修方便

液压防喷器的胶芯或闸板是关闭井口的密封元件,由于工作环境恶劣,使用中难免磨损或老化,当发现这些密封元件失效后,在现场就可以及时进行拆换。

第八章 环形防喷器

环形防喷器，俗称万能防喷器，它具有承压高、密封可靠、操作方便、开关迅速等优点，适用于密封各种形状和不同尺寸的管柱，也可全封闭井口。

第一节 环形防喷器概述

一、环形防喷器的型号

环形防喷器的型号表示方法如下：

FH $\boxed{1}$ $\boxed{2}$ — $\boxed{3}$ / $\boxed{4}$

FH：环形防喷器代号。

$\boxed{1}$：胶芯形式代号，锥形胶芯代号为 Z，球形胶芯省略。

$\boxed{2}$：通径代号（通径规格，mm，除以 10 后取大取整）。

$\boxed{3}$：额定工作压力，MPa。

$\boxed{4}$：底部连接法兰代号（额定工作压力，MPa，当底部连接法兰压力级别与额定工作压力相同时省略）。

例如："FHZ54-14"表示该环形防喷器为锥形胶芯环形防喷器，通径为 539.8mm，额定工作压力为 14MPa。"FH35-35/70"表示该环形防喷器为球形胶芯环形防喷器，通径为 346.1mm，额定工作压力为 35MPa，底部连接法兰额定工作压力为 70MPa。

二、环形防喷器的用途

环形防喷器是井口防喷器组中的重要组成部分，在钻井作业中主要用途是控制井口压力，有效地防止井喷发生，实现安全施工。环形防喷器必须配

第八章 环形防喷器

备防喷器液压控制装置方能使用，通常它与闸板防喷器配套使用，也可单独使用。环形防喷器可以完成以下作业：

（1）当井内有钻具、套管或油管时，能用一种胶芯封闭各种不同尺寸的环形空间。

（2）当井内无钻具时，能全封闭井口。

（3）在进行钻井、取心、测井等作业过程中发生溢流时，能封闭方钻杆、取心工具、电缆及钢丝绳等工具与井筒所形成的环形空间。

（4）封井状态在合适的液控油压下，能通过18°斜坡接头的钻杆进行强行起下钻作业。

三、环形防喷器的类型与结构

环形防喷器按其所用胶芯的形状可分为锥形胶芯环形防喷器、球形胶芯环形防喷器和组合胶芯环形防喷器，如图8-1所示。现场常用的为锥形胶芯环形防喷器和球形胶芯环形防喷器。

球形胶芯环形防喷器结构

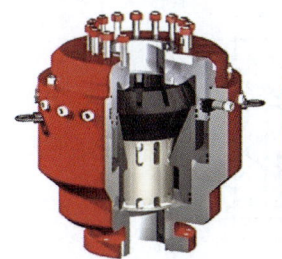 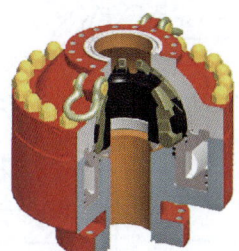 

(a) 锥形胶芯环形防喷器　　(b) 球形胶芯环形防喷器　　(c) 组合胶芯环形防喷器

图8-1　环形防喷器

锥形胶芯环形防喷器主要由顶盖、防尘圈、锥形胶芯、活塞、支撑筒、壳体等主要部件构成，如图8-2所示。球形胶芯环形防喷器主要由顶盖、球形胶芯、防尘圈、活塞、壳体等主要部件构成，如图8-3所示。

四、环形防喷器的工作原理

1. 关井的工作原理

关闭环形防喷器时，从控制装置来的高压油从环形防喷器壳体下部油口进入关闭腔，推动活塞上行，活塞推动胶芯，

环形防喷器关井的工作原理

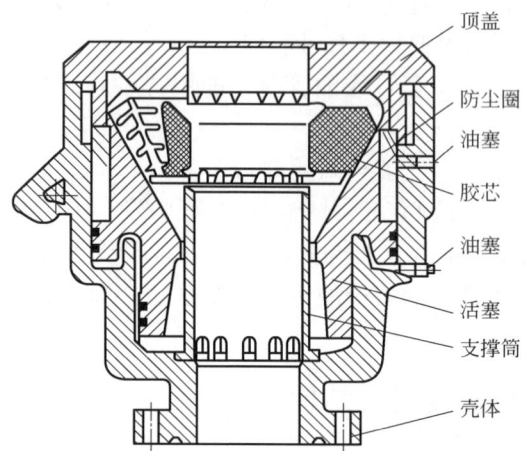

图 8-2 锥形胶芯环形防喷器的结构

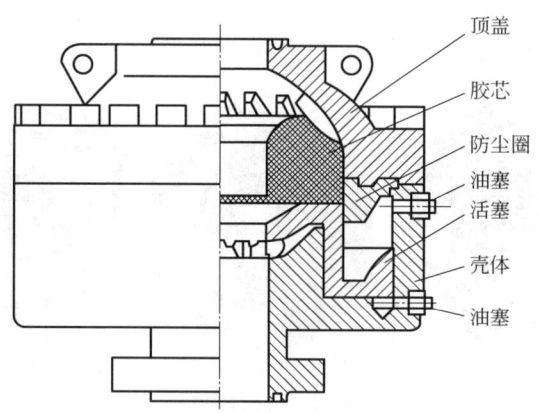

图 8-3 球形胶芯环形防喷器的结构

在顶盖的限制下，迫使胶芯向井眼中心运动，胶芯的支撑筋互相靠拢，胶芯中间的橡胶被挤向井口中心，直至抱紧钻具或全封闭井口，实现封井的目的。在活塞上行过程中，开启腔内的液压油流回控制装置油箱。

2. 开井的工作原理

当需要打开环形防喷器时，从控制装置来的高压油从环形防喷器壳体上部油口进入开启腔，推动活塞下行，胶芯在本身弹性力作用下逐渐复位，打开井口。在活塞下行过程中，关闭腔内的高压油泄压并流回控制装置油箱。

开井的工作原理

第八章 环形防喷器

第二节 锥形胶芯环形防喷器

一、胶芯的结构特点

（1）锥形胶芯环形防喷器的胶芯呈圆锥状，胶芯由支撑筋与橡胶硫化而成，支撑筋沿圆环呈径向辐射状配置，如图8-4所示。

（2）井压助封。在关井时，活塞在液控压力推动下向上运动，推挤胶芯，在顶盖的限制下，胶芯向中心收缩，支撑筋相互靠拢，胶芯中部橡胶被挤向井口，形成初步密封。作用在活塞下端面的井内压力也推动活塞上行，在保持胶芯关闭的状态下，使胶芯封闭得更紧密，增加密封的可靠性，从而降低了所需的液控关闭压力，如图8-5所示。

图8-4　锥形胶芯

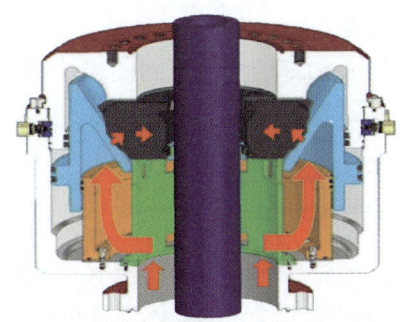

图8-5　锥形胶芯环形防喷器的井压助封

（3）寿命可测。锥形胶芯环形防喷器在工作过程中，胶芯不断磨损，需要靠增加活塞行程，多挤出储备橡胶来填补，当活塞行程达最大值（即活塞走到上顶点时），或者胶芯支撑筋的上、下两端面分别靠紧时，说明胶芯的储备橡胶已使用完，即使增大液控压力，胶芯也不能可靠密封井口。对带有探测孔的锥形胶芯环形防喷器，在现场可以通过测量活塞行程来测量胶芯的寿命，如图8-6所示。不过有些锥形胶芯环形防喷器顶盖上没有探测孔，就不能通过测量的方式检测胶芯寿命。

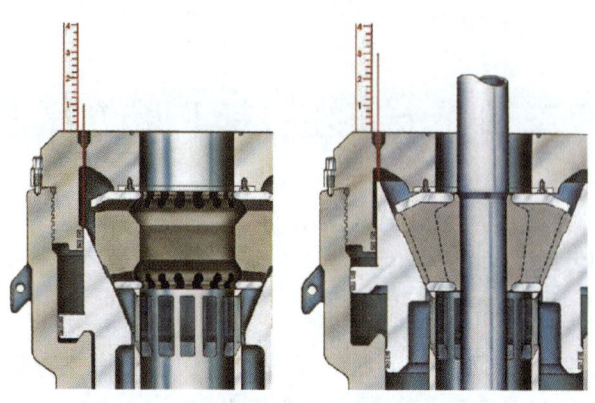

图 8-6　锥形胶芯环形防喷器的寿命检测

二、活塞的结构特点

（1）活塞上部内腔为圆锥形，与胶芯锥面接触，由于锥度较小，封闭所需的活塞轴向上推力也小，但相应的活塞行程要增加，从而增加了整个防喷器的高度。

（2）活塞的上、下封闭支撑部位间距大，扶正性能好，不易卡死、偏磨、拉缸或黏合，增加了密封寿命。

三、壳体的结构特点

锥形胶芯环形防喷器因其结构的原因，与相同通径及压力级别的球形环形防喷器相比较，其本体外径更小，但高度更高一些。

第三节　球形胶芯环形防喷器

一、胶芯的结构特点

（1）球形胶芯环形防喷器的胶芯呈半球状，它是由沿半球面呈辐射状配置的弓形支撑筋与橡胶硫化而成，如图 8-7 所示。

第八章 环形防喷器

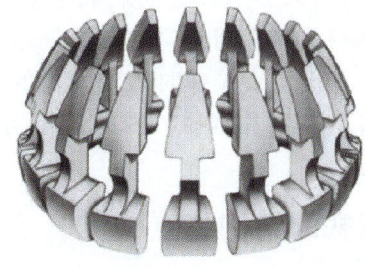

图 8-7 球形胶芯

（2）井压助封。在关井时，活塞在液控压力推动下向上运动，推挤胶芯，受顶盖的限制，胶芯向上运动并向中心收缩，支撑筋相互靠拢，胶芯中部橡胶被挤向井口，形成初步密封。作用在活塞内腔上部的井内压力向上推活塞，促使胶芯封闭更加紧密，增加密封的可靠性，从而降低了环形防喷器所需的液控关闭压力。

（3）漏斗效应。球形胶芯从自由状态到封闭状态，各横断面的直径收缩是不相等的，上部由于顶盖的限制缩小的量大，下部缩小的量小，因此，胶芯上部挤出的橡胶多，底部最少，形成了倒置的漏斗状。橡胶的这种变化不仅提高了密封性能，而且在关井后进行强行起下钻具时，钻杆接头更容易进入胶芯，如图 8-8 所示。

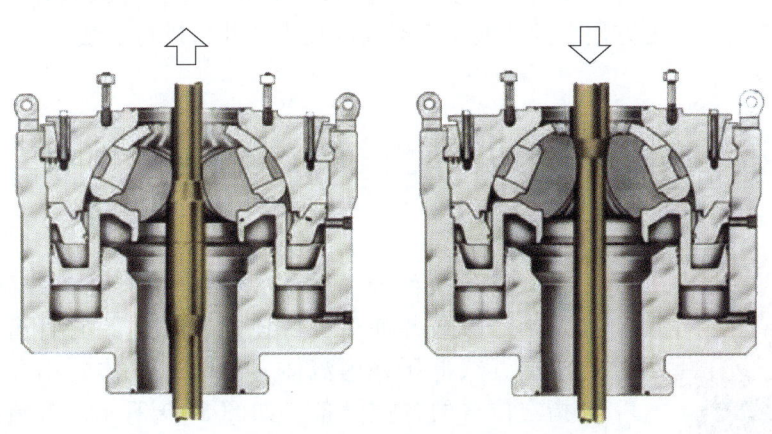

图 8-8 球形胶芯环形防喷器的漏斗效应

（4）橡胶储备量大。球形胶芯的橡胶储备量比其他类型胶芯大得多，在活动钻具及强行起下钻具胶芯被磨损之后，有较多的备用橡胶可陆续挤出补充，胶芯使用寿命长。

(5) 摩擦力小，开关所需油量较大。活塞的上推力部分由支撑筋承受，而支撑筋与顶盖之间是金属与金属接触，摩擦阻力小。由于球形胶芯橡胶储备量大，变形大，关井时需要较大的活塞上推力。在不提高液控油压的前提下，需要增加活塞直径，因此与相同规格的其他类型胶芯环形防喷器相比，所需油量更多。

二、活塞的结构特点

(1) 球形胶芯环形防喷器的活塞径向断面呈 Z 字形，行程短、高度低、径向尺寸大，故球形胶芯环形防喷器较其他类型环形防喷器高度低，开关一次所需液压油多。

(2) 活塞高度低，扶正性能差。特别是关井接近终了时，活塞支承间距更小，因此活塞易偏磨。如液压油不清洁，固体颗粒进入活塞与壳体间隙，易引起活塞卡死或拉缸，所以液压油应定期过滤与更换。

三、壳体的结构特点

球形胶芯环形防喷器因其结构的原因，与相同通径及压力级别的锥形胶芯环形防喷器相比，其本体外径更大，但高度更低一些，可减少井口防喷器组的有效高度，更方便在井架底座净空高度较小的井口进行安装。

第四节 分流器

图 8-9 分流器

分流器又称导流器，是在浅部地层钻井施工中，当发生溢流或井涌后，快速封闭环空，并将潜在危险的浅层气或低压井内流体（液体、气体）引导并排除到指定位置的井控设备，如图 8-9 所示。分流器与液压控制系统、四通、液动球阀等配套使用，组成分流器系统，从而实现密封各种形状和尺寸的方钻杆、钻杆、钻杆接头、钻铤、套管等钻具，同时分流放喷井内流体的作用。

第八章　环形防喷器

一、分流器的安装

在钻井作业时第一个套管柱（即击入式管柱、导管或结构套管）的下方地层可能存在着气体等流体时，其大量涌入井眼易出现井控问题，这种情况下就应考虑安装使用分流器系统。

常规的环形防喷器、闸板防喷器或旋转控制头都可以被用作分流器。环形防喷器可以封闭不同尺寸、不同形状的管柱，因此作为分流器更具有优势。有些分流器系统兼顾分流器和防喷器两种设备的功能。分流器的排出管线内径通常不小于152mm（6in），排出管线应布置合理，以便在任何时候都有一条管线可以排出井内流体，并且分流的液（气）体不会被风刮回到井口、人群密集的地方或道路的进出口等处。排出管线尽量平直引出，管线转弯处优先考虑采用大半径弯管，其弯曲半径应是管内径尺寸的20倍。当采用90°短弯头时，应做成带有抗冲击盲板或者抗冲击堵塞的三通。排出管线应沿其长度方向呈现一定的坡度，以避免在低点处钻井液及杂质产生聚积。

分流器的液压控制系统可以为专用的设备，也可以使用防喷器控制装置。对于通径不大于508mm（20in）的分流器，控制系统应能在操作手柄后30s内完成排出管线及返出管线阀门的操作并且封闭井内管柱；对于通径大于508mm（20in）的分流器，应在45s内完成以上操作。分流器控制系统在完成完整的分流操作之后，能在不超过5min的时间内恢复到控制系统待命时的压力。

二、分流器的使用

分流器控制系统在使用时，应能确保装有分流器系统的井不会完全封闭，应保证在胶芯关闭环空以前，已经提前打开出口阀门。若使用的分流器是大尺寸环形防喷器，则其开关井原理和操作与环形防喷器完全相同；若使用专用的分流器设备时，其开关井可能会有所不同，具体使用方法参考设备说明书。以河北华北石油荣盛机械制造有限公司生产的分流器为例，其油缸为单作用结构，关闭动作由液压实现，打开动作利用活塞自重及胶芯回弹实现，其结构如图8-10所示。

1. 关井

发现浅层气气侵或井涌需要分流放喷时，打开钻井四通侧出口的阀门，启动液压控制系统，控制系统的高压油从壳体油口进入活塞下部关闭腔推动活塞向上运动，迫使胶芯向井口中心运动，支撑筋相互靠拢，将其中间的橡胶挤向井口中心，实现密封钻具。同时井内流体从钻井四通侧出口连接的阀门经放喷管线输送到井场外下风口安全的地方。

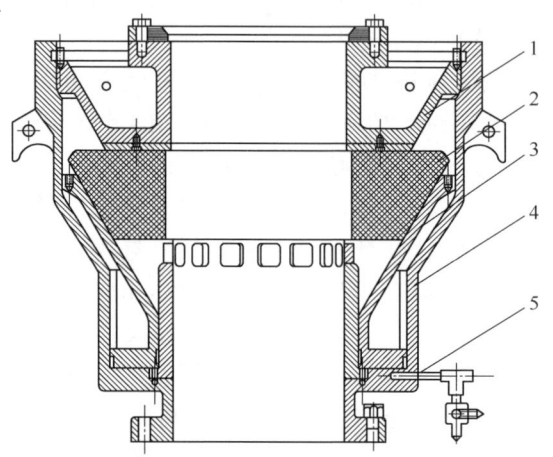

图 8-10　单作用油缸分流器结构
1—顶盖；2—胶芯；3—活塞；4—壳体；5—关闭油口

2. 开井

需要打开分流器时，泄掉关闭腔液压，拧松壳体气孔丝堵，同时打开壳体油口处三通侧出口手动截止阀，以加快分流器里液控油的流速，活塞靠自重回落，胶芯在本身弹力作用下复位，将井口打开。

第五节　环形防喷器的正确使用

（1）在井内有钻具时发生溢流，可先用环形防喷器控制井口，再使用半封闸板防喷器封井。根据现场实际情况，也可只使用环形防喷器控制井口。

（2）环形防喷器的关井油压不允许超过 10.5MPa，关井后，为延长胶芯使用寿命，可根据井口压力、所封钻具尺寸及下步所需作业的情况，降低关井的液控油压。

（3）非特殊情况，不应用环形防喷器封闭空井，会减少胶芯的使用寿命；

第八章 环形防喷器

在封空井时环形防喷器最大控制井口压力为额定工作压力的一半。

（4）用环形防喷器封闭钻具，在关井套压不超过14MPa的情况下，可以上下活动钻具。活动钻具时，应该适当降低环形防喷器的液控油压，以不大于0.2m/s的速度慢速活动钻具。大幅度地上下活动钻具可能会降低或增加井底压力，造成地层流体进入井内或增加压漏地层的风险。

（5）关井套压不超过7MPa的情况下，用环形防喷器进行不压井起下钻作业时，应使用18°斜坡接头的钻杆，环形防喷器要使用尽量较低的液控油压封井，起下钻速度不得大于0.2m/s，接头通过环形防喷器胶芯时速度要更慢些。在进行不压井起下钻作业及活动钻具时，允许钻井液有少量的渗漏，可以润滑胶芯，减少胶芯的磨损。

（6）严禁用打开环形防喷器的办法来泄井内压力，防止发生井喷或刺坏胶芯。

（7）每次开井后必须检查胶芯是否完全打开，以防起下钻具刮坏胶芯。

（8）进入目的层时，要求环形防喷器做到开关灵活、密封良好；每次起钻前，要试开关环形防喷器一次，发现问题需及时处理。

第九章 闸板防喷器

闸板防喷器是井口防喷器组的重要组成部分，钻井作业期间发现溢流，通过关闭闸板防喷器可实现对井内压力的控制。钻井作业现场使用的为液压闸板防喷器，利用液压可实现闸板的迅速封闭或打开井口。

第一节 闸板防喷器概述

一、闸板防喷器的型号

闸板防喷器型号表示方法如下：

$\boxed{1}$ FZ $\boxed{2}$ - $\boxed{3}$

FZ：闸板防喷器代号。

$\boxed{1}$：闸板的数量，省略数字为单闸板；2 为双闸板；3 为三闸板。

$\boxed{2}$：通径代号（通径规格，mm，除以 10 后取大取整）。

$\boxed{3}$：额定工作压力，MPa。

例如："2FZ35-70"表示通径为 346.1mm，额定工作压力为 70MPa 的双闸板防喷器。

二、闸板防喷器的分类

（1）按所能配置的闸板数量可分为单闸板防喷器、双闸板防喷器、三闸板防喷器。

（2）按闸板防喷器的控制方式可分为液压闸板防喷器、手动闸板防喷器。

（3）按闸板的锁紧方式可分为手动锁紧闸板防喷器、液压锁紧闸板防喷器。

第九章　闸板防喷器

（4）按侧门开关方式可分为旋转式侧门闸板防喷器、直线运动式侧门闸板防喷器。

（5）按结构形式不同可分为 RSC 型（铸造结构）闸板防喷器、RSF 型（锻造结构）闸板防喷器。

（6）按闸板的用途可分为半封闸板防喷器、全封闸板防喷器、剪切闸板防喷器、变径闸板防喷器。

三、闸板防喷器的用途

（1）井内有钻具或套管时，可使用与钻具或套管尺寸相符的半封闸板或变径闸板封闭井口环形空间。

闸板防喷器的用途

（2）当井内无钻具时，可使用全封闸板封闭空井口。

（3）安装有剪切闸板时，紧急情况下可用剪切闸板剪断井内钻具。

（4）某些闸板防喷器的半封闸板允许承重，可用以悬挂一定重量的钻具。

（5）在关闭防喷器的情况下，可通过闸板防喷器壳体上的侧孔外接闸阀及管线，以便为节流、压井、放喷等作业提供通道。

闸板防喷器是否可以承重还应参考其说明书执行；壳体上的侧孔通常使用盲板式法兰封闭，由于使用侧孔作为节流、压井或放喷等作业的通道，高压流体冲蚀壳体，会影响防喷器的耐压性能，因此一般使用井口防喷器组合中的钻井四通来实现这些功能。

第二节　闸板防喷器的结构及特点

不同生产厂家或不同型号的闸板防喷器，在结构上虽然略有差异，但基本的结构大体相同。以旋转式侧门闸板防喷器为例，其主要由壳体、侧门、油缸、活塞与活塞杆（闸板轴）、锁紧轴、端盖、闸板、铰链座等部件组成，如图 9-1 所示。

闸板防喷器的结构

一、壳体

闸板防喷器壳体采用高强度、高韧度合金钢铸造或锻造加工成型，并经过热处理，出厂前按标准进行水压强度试验，保证其工作安全可靠。壳体有上下垂直通孔、闸板室和侧孔。

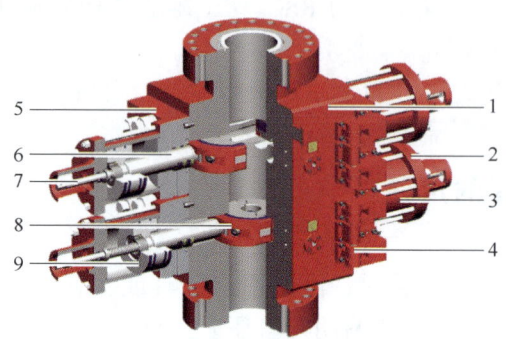

图 9-1　双闸板防喷器结构

1—壳体；2—端盖；3—油缸；4—铰链座；5—侧门；6—活塞杆（闸板轴）；
7—锁紧轴；8—闸板；9—活塞

闸板防喷器壳体上方连接环形防喷器或直接连接防溢管，下方连接四通或套管头，也可以在其上下方同时与其他闸板防喷器连接。连接方式有栽丝连接、法兰连接、卡箍连接等。

壳体的闸板室用于容纳扁平的闸板，其截面呈矩形或长圆形，长圆形的闸板室能减少应力集中，如图 9-2 所示。闸板室底部有支撑筋及朝向井眼倾斜的沉砂斜面，能在闸板开关时自动清除闸板室内沉积的泥砂，减少闸板运动时的摩擦阻力，关井后，井内压力流体对闸板还会有井压助封的作用。闸板室顶部有凸台密封平面，闸板关闭到位后，闸板顶部橡胶与凸台密封平面紧紧挤在一起实现过盈密封。

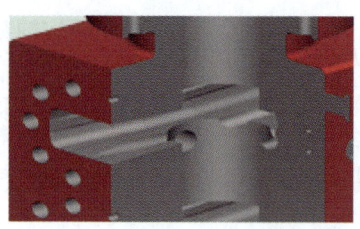 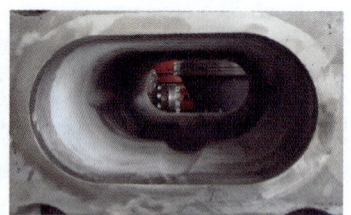

图 9-2　壳体的闸板室

侧孔位于上下闸板体腔中间或下闸板体腔的下方，其通径与闸板防喷器规格相符的钻井四通两侧出口通径一般相同。

闸板防喷器壳体上的液压油接口旁会有"开"和"关"等标识（或标识

第九章 闸板防喷器

有"O"和"C"),方便液控管线的连接。

二、侧门

闸板防喷器的侧门主要有两种形式,即旋转式侧门和直线运动式侧门,如图9-3所示。当拆换闸板、拆换侧门密封件、拆换活塞杆密封件、检查闸板以及清洗闸板腔室时,都需要打开侧门进行操作。

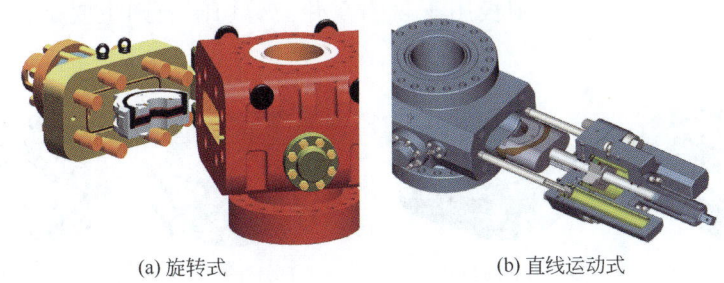

(a) 旋转式 (b) 直线运动式

图9-3 闸板防喷器侧门

1. 旋转式侧门

旋转式侧门由上下铰链座限定其位置,当卸掉侧门的紧固螺栓后,侧门可绕铰链座做超过120°的旋转。上铰链座和下铰链座分开,中铰链座仅起连接油路通道的作用,如图9-4所示。

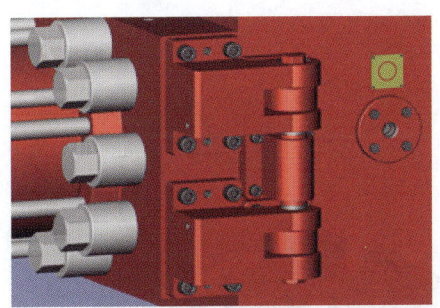

图9-4 旋转式侧门的铰链座

2. 直线运动式侧门

直线运动式侧门防喷器其侧门平直向外移动,也称为平移式侧门。直线运动式侧门的缸体两边装有一对侧门液缸,当需要更换闸板时,拆卸侧门螺栓,施加关闭液压,在关闭闸板的同时,自动执行开启侧门,便可更换闸板。

由于侧门开关同闸板的开关相反，施加打开油压，在闸板打开的同时侧门自行合拢；若侧门螺栓已上紧，则只有闸板做打开或关闭动作。

三、闸板

闸板是闸板防喷器的核心部件，按作用不同可分为半封闸板、全封闸板、剪切闸板和变径闸板，如图9-5所示。半封闸板及变径闸板用于密封钻杆或套管与井眼的环空；全封闸板用于封闭空井；剪切闸板则主要是在特殊情况下剪切钻具。

  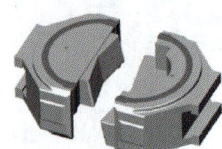 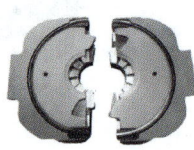

(a) 半封闸板　　　(b) 全封闸板　　　(c) 剪切闸板　　　(d) 变径闸板

图9-5　闸板防喷器的闸板

闸板按结构又可分为双面闸板和单面闸板。单面闸板又可分为组合胶芯式和整体胶芯式两类。

1. 双面闸板

双面闸板由闸板体（压块）、闸板座（闸板夹持器）、双面胶芯、闸板螺钉等组成，如图9-6所示。

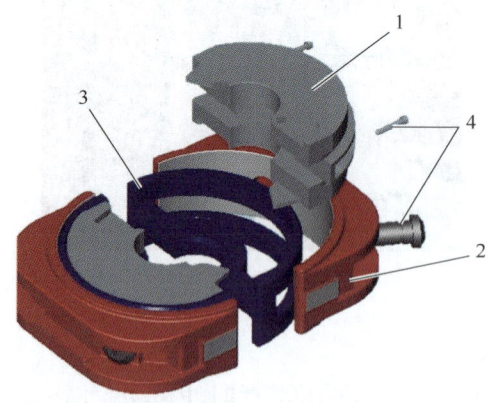

图9-6　双面闸板
1—闸板体；2—闸板座；3—双面胶芯；4—螺钉

第九章 闸板防喷器

双面闸板的特点如下：

（1）闸板上下面对称。当上部胶芯密封面磨损较大时，可翻转闸板（或翻转双面胶芯）使用另一面，延长胶芯使用寿命。

（2）闸板浮动性能好。由于闸板体与闸板座两者之间相对运动范围较大，在活塞推力作用下，闸板体与闸板座相互间的挤压迫使闸板顶部密封橡胶被挤压变形向上凸起，增加顶部密封效果。

（3）对不同尺寸的钻具，只需更换相应的胶芯和闸板体，其余零件可通用互换。

2. 单面闸板

1）整体胶芯式

整体胶芯式闸板由闸板体（压块）、胶芯、闸板座及闸板螺钉等组成，如图9-7所示。

其结构特点如下：

（1）整体胶芯式闸板体不能翻面使用。

（2）拆换整体胶芯式闸板胶芯比双面闸板方便，只需拧下连接螺栓，即可取出胶芯并更换。

（3）针对不同尺寸钻具不能只换整体胶芯式闸板的胶芯，要全套更换。

2）组合胶芯式

闸板由闸板体、顶部密封胶芯、前部密封胶芯等组成。其结构特点为无螺栓连接、结构简单、拆卸胶芯方便，如图9-8所示。

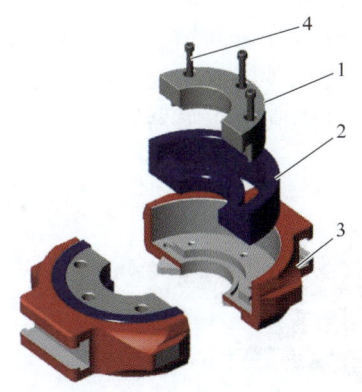

图9-7 整体胶芯式单面闸板
1—闸板体；2—整体式胶芯；
3—闸板座；4—螺钉

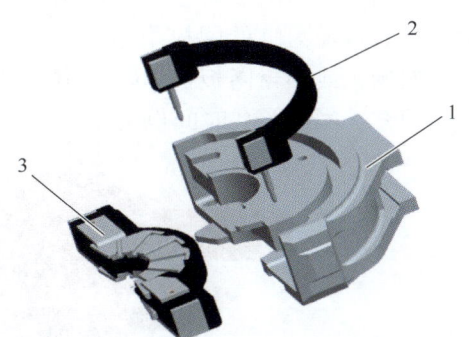

图9-8 组合胶芯式单面闸板
1—闸板体；2—顶部密封胶芯；
3—前部密封胶芯

3. 剪切闸板

剪切闸板分为上闸板和下闸板，闸板前面有刀体，刀刃采用局部淬火或表面热处理方式，提高了刀刃部硬度，主要用于发生井喷的紧急情况下，通过高压液压油推动闸板，使上下闸板合拢将井内钻具剪断。有些剪切闸板具有全封功能，可在剪断钻具后实现封闭井口的目的，这类剪切闸板称为剪切全封闸板。在井内没有钻具时，也可作为全封闸板来使用。

根据剪切闸板结构不同分为整体式与分体式，如图 9-9 所示。整体式剪切闸板其刀体与闸板体为一体；分体式剪切闸板的刀体为单独部件，损坏后只需更换刀体即可。

(a) 整体式　　　　　　　　(b) 分体式

图 9-9　剪切闸板

安装剪切闸板的闸板防喷器在剪切大尺寸钻杆时，需要更大的剪切压力比（剪切比）。闸板防喷器提升剪切压力比的方法，主要通过增加增力缸来实现。如图 9-10 所示的双闸板防喷器，上部的闸板带有增力缸。有增力缸的闸板防喷器可以大幅度提升剪切压力比，但并不会增加关闭压力比（关闭比），因此带有增力缸的闸板防喷器，使用剪切全封闸板在剪断钻具后，可以正常全封井口。带增力缸的闸板防喷器，由于没有增加关闭压力比，因此也可以安装全封闸板或半封闸板，但需注意，带增力缸的闸板防喷器在关井时消耗的液量更多，同时关井时间也会更长。

图 9-10　带有增力缸的闸板防喷器

第九章　闸板防喷器

4. 变径闸板

变径闸板的顶密封和前密封为分体结构，拆装比较方便，可直接与其他相同结构的闸板总成互换，如图 9-8 所示。变径闸板前部密封胶芯骨架承载面相互搭接，后部相互勾连，通过其变形，可使橡胶始终处于封闭状态，从而密封一定尺寸范围的钻具或套管。变径闸板密封不同尺寸钻具时的骨架位置，如图 9-11 所示。

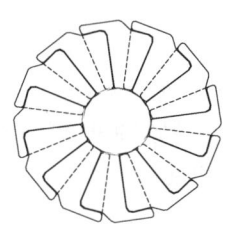
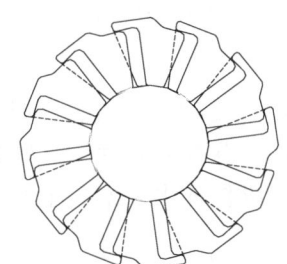

(a) 密封小尺寸钻具　　　　(b) 密封大尺寸钻具

图 9-11　变径闸板密封不同尺寸钻具时骨架位置示意图

四、锁紧装置

所有具有密封功能的闸板防喷器应配备锁紧装置，闸板防喷器的锁紧装置常用的为手动锁紧装置和液压自动锁紧装置。

1. 手动锁紧装置

1) 手动锁紧装置的功用

手动锁紧装置是靠人力顺时针旋转手轮关闭锁紧闸板。其作用是：当需要较长时间关井时，液压关井后可采用手动机械锁紧装置将闸板锁定在关闭位置，提高封井的可靠性；当远程控制台故障且无油压时，也可以用手动锁紧装置推动闸板实现手动关井。

手动锁紧装置只能关闭闸板，不能打开闸板。若要开井，必须先将手动锁紧装置解锁到位，再用液压打开闸板，这是唯一的方法。

2) 手动锁紧装置的类型和组成

手动锁紧装置根据结构不同主要有两种类型：锁紧轴液压随动结构和简易式锁紧结构，如图 9-12 所示。

锁紧轴液压随动结构是安装在端盖上的锁紧轴与液缸缸体内的活塞杆以

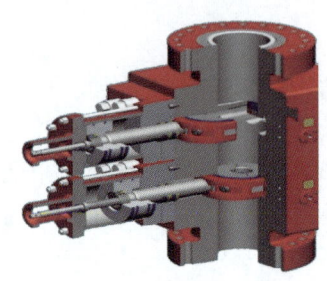 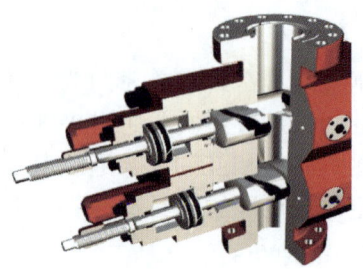

(a) 锁紧轴液压随动结构　　　　(b) 简易式锁紧结构

图 9-12　手动锁紧装置

左旋梯形螺纹（反扣）连接，平时锁紧轴逆时针旋入活塞杆，随活塞杆运动，并不影响液压关井与开井动作，如图 9-13 所示。锁紧轴外端通过万向接头连接操纵杆，操纵杆伸出井架底座外，其端部装有手轮。

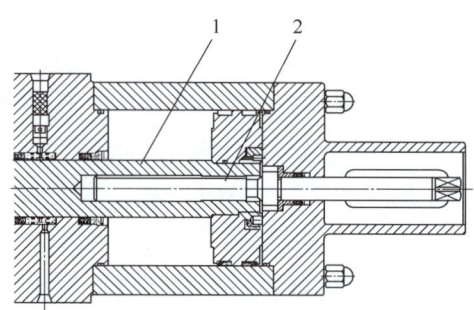

图 9-13　锁紧轴液压随动结构

1—活塞杆；2—锁紧轴

简易式锁紧结构是在缸体上直接加装一个带有锁紧轴的护套，护套内孔为右旋梯形螺纹（正扣）。锁紧轴不与活塞杆连接，也不随活塞杆运动，如图 9-14 所示。该类型闸板防喷器的活塞有双活塞杆，锁紧轴外端通过万向接头连接操纵杆，操纵杆伸出井架底座以外，其端部装有手轮。

3）闸板的锁紧与解锁

（1）锁紧轴液压随动结构。

锁紧轴液压随动结构闸板的锁紧方法是：防喷器液压关闭后，顺时针旋转防喷器两侧锁紧轴，使锁紧轴从活塞杆中退出，直到锁紧轴台阶紧贴止推轴承处的挡盘为止，实现锁紧。防喷器液压打开前，先逆时针旋转防喷器两侧锁紧轴，直至解锁到位，再液压打开防喷器。

锁紧轴液压随动结构闸板的锁紧

第九章　闸板防喷器

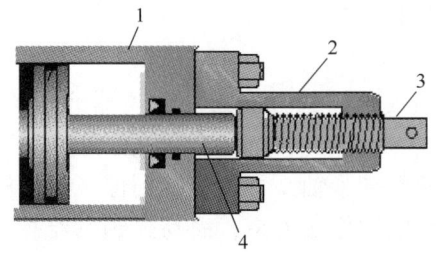

图 9-14　简易式锁紧结构
1—液缸缸体；2—护套；3—锁紧轴；4—活塞杆

根据活塞杆与锁紧轴的位置关系，锁紧轴液压随动结构有如图 9-15 所示的 3 种工作状态。

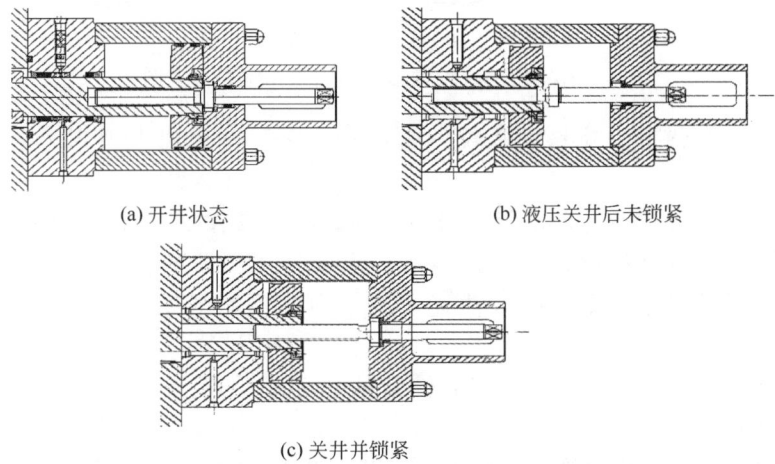

(a) 开井状态　　　　　　　　(b) 液压关井后未锁紧

(c) 关井并锁紧

图 9-15　锁紧轴液压随动结构不同工作状态示意图

① 开井状态。锁紧轴旋入活塞杆内，锁紧轴光杆部分外观可见，如图 9-15(a) 所示。

② 液压关井后尚未锁紧。锁紧轴旋入活塞杆内，锁紧轴光杆部分基本不可见，如图 9-15(b) 所示。

③ 关井锁紧状态。锁紧轴在活塞杆内旋出，锁紧轴台阶顶在端盖上，锁紧轴光杆部分外观可见，如图 9-15(c) 所示。

锁紧轴液压随动结构由于从外观只能看到锁紧轴，因此通过锁紧轴的位置有时并不能直接判断防喷器的工作状态。在开井状态与关井并锁紧状态，锁紧轴的外观相同，此时还需观察远程控制台相应控制手柄位置以及操纵杆端部手轮处的挂牌来判断。

(2) 简易式锁紧结构。

简易式锁紧结构闸板的锁紧方法是：防喷器液压关闭后，顺时针旋转防喷器两侧锁紧轴，直至锁紧轴顶到活塞杆，实现锁紧。防喷器液压打开前，先逆时针旋转防喷器两侧锁紧轴，直至解锁到位，再液压打开防喷器。

根据活塞杆与锁紧轴的位置关系，简易式锁紧结构有如图9-16所示的3种工作状态。

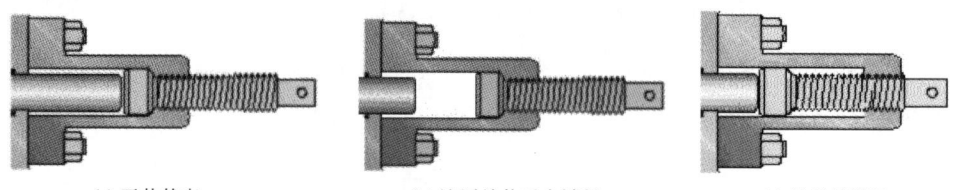

(a) 开井状态　　　　　(b) 液压关井后未锁紧　　　　　(c) 关井并锁紧

图9-16　简易式锁紧结构不同工作状态示意图

(1) 开井状态。锁紧轴螺纹外露在护套外，活塞杆与其基本接触，如图9-16(a) 所示。

(2) 液压关井后尚未锁紧。当锁紧轴螺纹外露在护套外，活塞杆已经深入液缸缸体，如图9-16(b) 所示。

(3) 关井锁紧状态。锁紧轴旋入护套内并顶紧活塞杆，如图9-16(c) 所示。

简易式锁紧结构由于活塞杆和锁紧轴都可以看到，因此从外观很容易判断防喷器的工作状态。

使用手动锁紧装置锁紧闸板时，伸出钻台底座两侧的手轮必须旋转足够的圈数。各闸板防喷器的锁紧圈数并不是相同的，现场应在手轮处挂牌标明。手动锁紧装置解锁后要将手轮回旋 1/4~1/2 圈，这样既可保证螺纹松动不致卡死又可使下次手动锁紧操作省力。

2. 液压自动锁紧装置

液压自动锁紧装置根据结构不同主要有两种类型：轴向液压自动锁紧装置和径向液压自动锁紧装置，如图9-17所示。

1) 轴向液压自动锁紧装置

轴向液压自动锁紧装置是通过装在主活塞内的锁紧活塞和装在活塞径向4个扇形槽内的4个锁紧块来实现的，如图9-18所示。当液压油作用于关闭腔时，同时推动主活塞和锁紧活塞向闸板关闭方向运动。由于锁紧块内外圆周上都带有一定角度的斜面，内斜面与锁紧活塞斜面相接触，使得锁紧块在锁紧活塞的推动下始终有向径向外部运动的趋势。一旦主活塞到达关闭位置后，锁紧块在锁紧活塞的径向撑力作用下，向外运动而坐于液缸台阶上，锁紧块外斜面与液缸台阶斜面相接触，此时锁紧活塞进一步向前运动经过锁紧块内径变成圆周接触，从而实现完全锁紧。闸板轴带动显示杆向里运动，收缩入缸盖内。

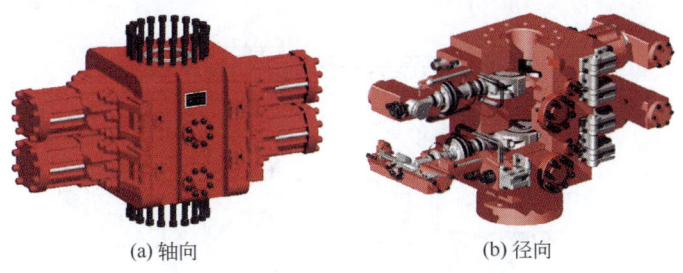

(a) 轴向　　　　　　　　　　(b) 径向

图 9-17　液压自动锁紧装置

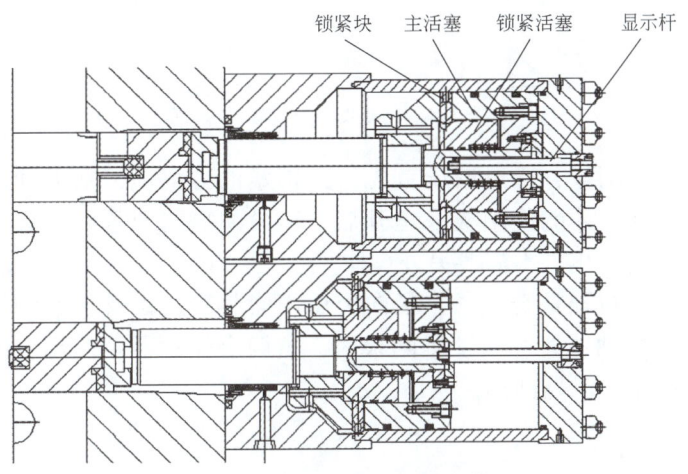

图 9-18　轴向液压自动锁紧装置

如果要开启闸板，只有液压油作用于开启腔，首先使锁紧活塞向外运动，锁紧块外圈斜面与液缸台阶斜面相互作用，产生使锁紧块向内收缩的分力，使锁紧块实现解锁，然后主活塞带动闸板轴及闸板实现开启动作，同时闸板轴推动显示杆伸出缸盖。

2）径向液压自动锁紧装置

径向液压自动锁紧装置是通过装在主油缸后部垂直于闸板轴的锁紧油缸内的油压来推动斜块销来锁紧闸板轴，如图 9-19 所示。锁紧油缸与主油缸的油路并联，当关闭闸板时，斜块销自动锁紧闸板轴，由于斜块销上斜面的角度为自锁角，因此，如果没有油压来推动锁紧油缸解锁，闸板沿闸板轴方向就不会松动。

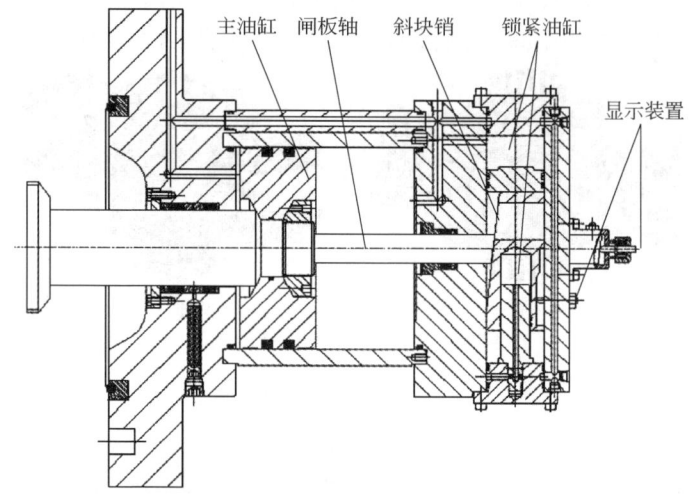

图 9-19　径向液压自动锁紧装置

如果要开启闸板，通过液压首先打开锁紧油缸解锁，闸板轴退回并穿过斜块销中间的孔，才能使闸板完全开启。锁紧油缸的锁紧和解锁均与主油缸开启、闸板关闭同步，不需要另外操作。

为了确认闸板轴是否锁紧，径向液压锁紧装置还设有显示装置，分别显示斜块销和闸板轴位置。当锁紧闸板时，这两个显示器不凸出；解锁及打开闸板时，这两个显示器凸出。

第三节　闸板防喷器的工作原理与密封

一、闸板防喷器的工作原理与操作

1. 开关井工作原理

闸板防喷器的关井、开井动作是靠液压来实现的。

第九章 闸板防喷器

1）关井

关井时，来自控制装置的高压液压油进入闸板防喷器两侧油缸的关井油腔，推动活塞与活塞杆，带动左右闸板总成沿着闸板室内导向筋限定的轨道，分别向井眼中心移动，同时，开井油腔里的液压油在活塞推动下，经液控管路流回控制装置油箱，实现关井。

闸板防喷器的关井工作原理

2）开井

开井时，高压液压油进入闸板防喷器两侧油缸的开井油腔，推动活塞与闸板离开井眼中心，闸板缩入闸板室内，同时，关井油腔里的液压油则经液控管路流回控制装置油箱，实现开井。

闸板防喷器的开井工作原理

因此，闸板防喷器壳体上的液压油接口与控制装置的液控管线在安装连接时，不能接错，否则将导致关井、开井动作错误。在现场连接完液控管线后，应使用压力不大于3MPa的液控油压对闸板防喷器进行功能测试，检查控制对象与液压动作是否正确。使用低油压进行功能测试的原因为：若液控管线连接错误，在低油压情况下，也不会损坏闸板前密封。

2．开关井操作

1）正常液压操作

（1）液压关井。将控制装置上控制相应闸板防喷器的三位四通转阀手柄扳至关位，就可实现该闸板防喷器的正常液压关井。若需长时间关井时，手动锁紧装置的闸板防喷器还应进行手动锁紧。

（2）液压开井。需要打开闸板防喷器时，首先确保手动锁紧装置已经解锁，再将控制装置上相应的三位四通转阀手柄扳至开位，就可实现闸板防喷器的正常液压开井。

2）手动操作

如果需要关井，又恰逢控制装置失效无法使用时，手动锁紧装置的闸板防喷器可以进行手动关井。

（1）关井操作。首先将远程控制台上控制相应闸板防喷器的三位四通转阀手柄扳至关位，再手动顺时针旋转该闸板防喷器两侧的操纵杆手轮，将闸板推向井眼中心实现关井。

（2）开井操作。需要打开闸板防喷器时，首先要手动解锁，再利用控制装置进行液压开井。

手动关井操作的实质即手动锁紧操作。应特别注意的是：在手动关井前，应先将远程控制台上控制闸板防喷器的三位四通转阀手柄处于关位，目的是

使该闸板防喷器开井油腔里的液压油直通油箱。手动锁紧装置只能手动关井，不能实现手动开井。

二、闸板防喷器的四处密封

闸板防喷器要完全封闭井口，必须保证闸板防喷器的4处密封可靠。

1. 闸板前部与管柱的密封

闸板前部胶芯依靠活塞推力实现闸板与闸板接触处、闸板与管柱间的密封。当闸板防喷器前部的密封橡胶严重磨损或撕裂时，井内高压流体会将此处刺漏而使关井失效。

2. 闸板顶部与壳体的密封

关井后，闸板顶部密封橡胶与闸板腔室的凸台密封平面挤在一起实现密封，在井内高压流体作用下使它们挤得更紧，防止井内高压流体绕过闸板从其顶部溢出。

3. 侧门与壳体的密封

侧门与壳体的接合面上装有密封圈，通过侧门紧固螺栓将密封圈压紧，使钻井液不能从此处泄漏，该密封圈不会被磨损，但在长期使用中会老化变质，所以应定期更换。

4. 侧门腔与活塞杆的密封

侧门腔与活塞杆之间的环形空间装有密封圈，防止井筒高压钻井液与控制防喷器开关的液压油串通。该密封装置的密封圈分为两组，安装方向相反，一组密封井内高压流体，一组密封闸板防喷器开井油腔的高压油，从而防止井内高压流体与控制闸板防喷器的高压油串通。密封圈具有方向性，只有正确安装才能起到密封作用。闸板防喷器进行开关时，活塞杆做往复运动，密封圈会因磨损逐渐导致密封失效。关井时，一旦密封圈失效，为实现其密封功能，该处还设计有二次密封装置。

第四节　闸板防喷器的正确使用

闸板防喷器使用中应注意以下问题：

（1）半封闸板的尺寸应与所用钻杆、套管等管柱尺寸相对应。

第九章　闸板防喷器

（2）井中有钻具时，非特殊情况不应关闭全封闸板防喷器及剪切闸板防喷器。

（3）防喷器组中有多套相同尺寸的半封闸板时，优先使用最上方的半封闸板。

（4）井口闸板防喷器组应记清半封闸板、全封闸板及剪切闸板的安装位置。

（5）手动锁紧装置的闸板防喷器在长期封井时应手动锁紧闸板。

（6）手动锁紧装置的闸板防喷器在开井前必须先确认闸板已经手动解锁，然后再液压开井，未解锁不允许液压开井。

（7）闸板在手动锁紧或手动解锁操作时，两手轮必须旋转足够的圈数，确保锁紧轴到位；解锁后应反向旋转 $1/4 \sim 1/2$ 圈。

（8）液压开井操作完毕后应到井口检查闸板是否完全打开，若未完全打开则不允许上提钻具。

（9）半封闸板关井后严禁转动钻具。

（10）严禁用打开闸板的方式来泄井内压力，易刺坏闸板前部密封胶芯，也可能会损坏活塞杆与闸板的连接处。

（11）进入油气层后，每次起下钻前应对闸板防喷器开关活动一次。

（12）正常液控油压下，半封闸板不准在空井条件下试关井，如需在空井条件下对闸板防喷器进行功能测试，应在控制装置上将液控油压降至3MPa或更低压力再进行。

（13）闸板防喷器处于"待命"工况时，应确保活塞杆二次密封装置观察孔的畅通。

（14）发生溢流关闭闸板防喷器后，应有专人负责注意检查其四处密封是否密封可靠。

第十章　液压防喷器控制装置

液压防喷器控制装置（简称控制装置或液控系统）是控制井口防喷器组、液动放喷阀实现迅速开关的重要设备，是保障钻井作业期间发生溢流时，迅速控制井口、防止井喷不可缺少的井控装置。

第一节　控制装置概述

一、控制装置的型号

1. 防喷器控制装置型号的表示方法

FK $\boxed{1}$ $\boxed{2}$ - $\boxed{3}$ $\boxed{4}$

FK：防喷器控制装置的代号。

$\boxed{1}$：遥控方式，Q 为气控；Y 为液控；DY 为电液控；DQ 为电气控；非遥控不标注符号。

$\boxed{2}$：蓄能器组公称总容积，L。

$\boxed{3}$：控制对象数量。

$\boxed{4}$：改进次数，用 A、B、C 等表示。

例如：FKQ800-7B 表示气遥控、蓄能器组公称总容积为 800L、控制对象为 7 个、第二次改进的防喷器控制装置。

2. 司钻控制台型号的表示方法

SZ $\boxed{1}$ $\boxed{2}$ - $\boxed{3}$ - $\boxed{4}$ $\boxed{5}$

SZ：司钻控制台的代号。

$\boxed{1}$：遥控方式，Q 为气控；Y 为液控；DY 为电液控；DQ 为电气控。

第十章　液压防喷器控制装置

②：操纵遥控减压阀的数量，如无，则用 0 表示。

③：有管汇减压阀的旁通阀用 1 表示；无管汇减压阀的旁通阀用 0 表示。

④：控制对象数量。

⑤：改进次数，用 A、B、C 等表示。

例如：SZQ1-1-6 表示气遥控，能遥控操纵一个减压阀，有管汇减压阀的旁通阀，能控制 6 个控制对象的司钻控制台。

二、控制装置的功用

控制装置的功用就是预先制备与储存足量的液压油，并控制液压油的流动方向，使井口液压防喷器和液动平板阀得以迅速关闭或打开。当液压油使用消耗，蓄能器储存的油量减少，油压降低到一定程度时，控制装置能自动补充储油量，使液压油始终保持在一定的压力范围内。

三、控制装置的组成

钻井使用的控制装置通常由远程控制台（又称蓄能器装置或远控台）、司钻控制台（又称遥控装置或司控台）以及辅助控制台（又称辅助遥控装置）组成。另外，还可以根据需要增加氮气备用系统和压力补偿装置等辅助设备来增加其辅助功能。防喷器控制装置的组成，如图 10-1 所示。

1. 远程控制台

远程控制台是制备、储存液压油并控制液压油流动方向的装置，是控制装置的核心设备，所说的"控制装置"经常特指的就是远程控制台。远程控制台由油泵、蓄能器组、控制阀件、输油管线、油箱等元件组成，通过操作三位四通转阀（换向阀）可以控制压力油输送至防喷器油腔，实现井口防喷器的开关。远程控制台通常安放在面对井场左侧，距离井口不小于 25m。对于高压、高产、高含硫井以及风险探井，远程控制台应距离井口不小于 30m。对于某些安装低压力级别防喷器的井，现场有时只配备远程控制台。

2. 司钻控制台

司钻控制台是使远程控制台上三位四通转阀动作的遥控装置，安装在钻台司钻操作台的附近，通过它可间接操作井口防喷器开关。

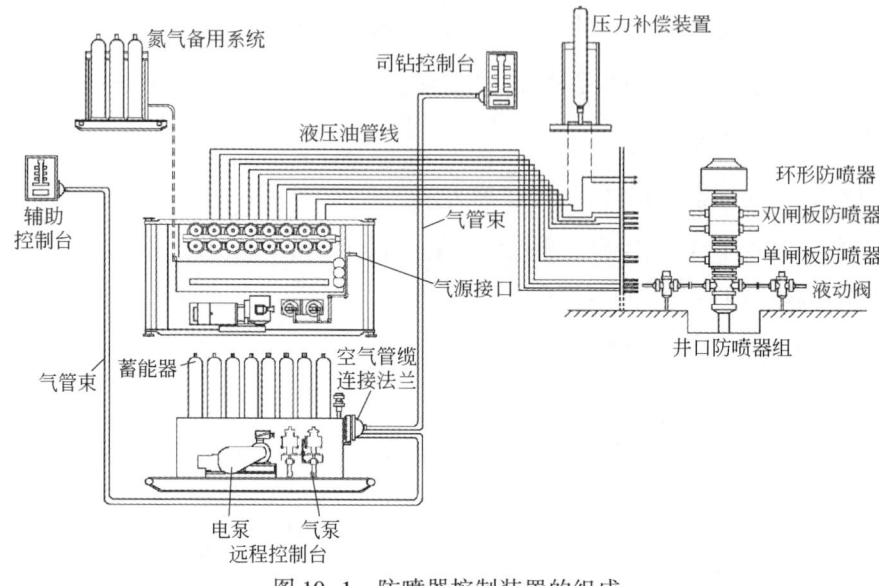

图 10-1　防喷器控制装置的组成

3. 辅助控制台

辅助控制台体积较小,安置在监督房或队长房的房内或附近,作为应急的遥控装置备用,从而可以在司钻控制台或辅助控制台两处对远程控制台进行控制。

4. 氮气备用系统

氮气备用系统可以为控制管汇提供应急辅助能量。如果蓄能器及动力泵装置不能正常工作,不能输出足够的动力液,可以使用氮气备用系统提供的高压氮气驱动管汇中存留的液压油,达到应急关闭防喷器的目的。

5. 压力补偿装置

压力补偿装置是控制装置的配套设备,安装在靠近环形防喷器的关井油路上,进行强行起下钻作业,钻杆接头通过环形防喷器胶芯时会在关井油路中产生压力波动。压力补偿装置可以减少液控油压的波动,同时确保通过接头后使胶芯迅速复位,减轻胶芯的磨损,延长使用寿命。

四、控制装置的类型

控制装置上三位四通转阀的遥控方式有 3 种,即气压传动遥控、液压传

第十章 液压防喷器控制装置

动遥控和电传动遥控。据此，控制装置分为3种类型，即气控液型、液控液型和电控液型。

1. 气控液型

利用司钻控制台上的气阀，将压缩空气经空气管缆（气管束）输送到远程控制台上，双作用气缸动作而实现相应三位四通转阀的换向。

2. 液控液型

利用司钻控制台上的液压换向阀，将控制液压油经管路输送到远程控制台上，双作用液缸动作而实现相应三位四通转阀的换向。

3. 电控液型

利用司钻控制台上的电按钮或触摸面板发出电信号，电操纵三位四通转阀换向。根据控制三位四通转阀为气缸还是液缸的不同，电控液型又可细分为电控气-气控液（即电气控液型）和电控液-液控液型（电液控液型）两种。

第二节 FKQ640-7 控制装置简介

国内生产的液压防喷器控制装置均要符合 SY/T 5053.2—2020《石油天然气钻采设备 钻井井口控制设备及分流设备控制系统》的要求，因此控制装置的工作原理、结构组成以及操作要领基本相同。以北京石油机械有限公司生产的 FKQ640-7 型远程控制台及配套的司钻控制台为例，远程控制台的组成示意图如图 10-2 所示。

一、远程控制台

1. 型号的含义

FKQ640-7 表示气遥控、蓄能器组公称总容积为 640L、控制对象为 7 个的防喷器控制装置。该控制装置可以控制 1 台环形防喷器、1 台双闸板防喷器、1 台单闸板防喷器、2 个液动阀、1 个备用控制线路，共计 7 个控制对象。

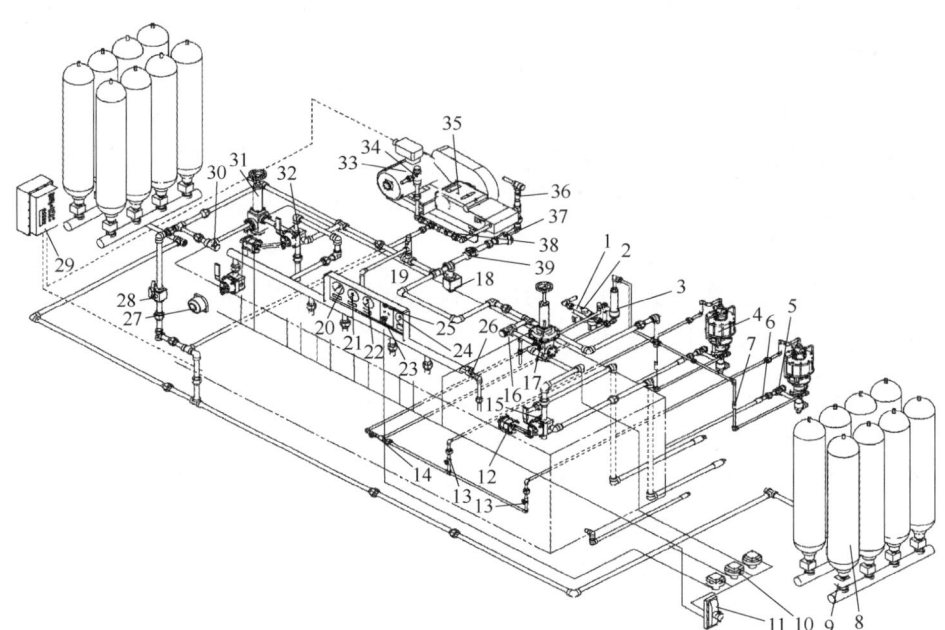

图 10-2　FKQ640-7 远程控制台组成示意图

1—气源处理元件；2—压力表；3—液气开关；4—气泵；5—滤油器；6—气泵进油阀；7—单向阀；8—蓄能器；9—蓄能器截止阀；10—气动压力变送器；11—空气管缆接线盘；12—双作用气缸；13—气泵进气阀；14—气路旁通截止阀；15—三位四通转阀；16—滤油器；17—气手动减压阀；18—备用油口高压截止阀；19—管汇溢流阀；20—蓄能器压力表；21—汇流管压力表；22—环形压力表；23—环形压力气动调压阀；24—气源压力表；25—分配阀；26—卸荷阀；27—压力控制器；28—高压截止阀；29—电控箱；30—滤油器；31—手动减压阀；32—旁通阀；33—电动机；34—蓄能器溢流阀；35—电泵；36—电泵外接油口进油阀；37—滤油器；38—单向阀；39—电泵进油阀

2. 结构特点

1) 动力泵

(1) FKQ640-7 配有电泵和气泵，使用两种不同的动力源，确保失去一种动力时，仍可保证远程控制台的正常工作，电泵与气泵均能自动启停，气泵可制备大于 21MPa 的高压油。

(2) 电泵有一台，作为主泵，如图 10-3 所示。电泵的电源由井场发电机组提供并由压力控制器（图 10-4）实行自动控制，压力控制器上限压力调定为 21MPa，下限压力调定为 18.5MPa。电源开关在"自动"位置，当蓄能器油压降至接近 18.5MPa 时，压力控制器自动接通电源，电泵启动，当油压升至 21MPa 时，压力控制器自动切断电源，电泵停止工作。

第十章　液压防喷器控制装置

图 10-3　电泵

图 10-4　压力控制器

（3）气泵有两台，作为辅助泵，如图 10-5 所示。气泵的气源来自井场钻机气控系统制备的 0.65~0.8MPa 压缩空气，经气源处理元件（包括分水滤气器、减压阀、油雾器）、液气开关、气泵进气阀进入气泵。液气开关（图 10-6）对气泵的启停进行自动控制，当蓄能器油压降至接近 17.5MPa 时，自动启动气泵，当油压升至 20~21MPa 时气泵自动停止工作。在特殊情况下，需要控制装置使用高于 21MPa 的液压油进行超高压工作，只能由气泵供油。此时气泵只需打开气路旁通截止阀就可运转，根据气泵的气液压力比（气液比）不同，当输出油压与供气压力达到平衡时，气泵停止运转。

图 10-5　气泵

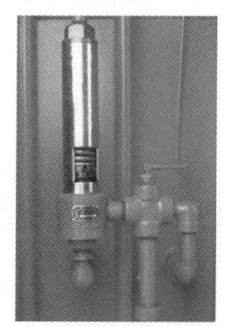

图 10-6　液气开关

（4）气泵可以制备最高 34.5MPa 高压油的能力，以便满足剪切大尺寸钻具时的需要，同时也可为井场其他设施与工具提供压力试验的油源。

（5）电泵、气泵的进油管路上都装有进油阀与滤油器，便于过滤杂质与清洁滤网；输出管路上装有单向阀，防止停泵后，高压液压油回流。

2）液压油储备

（1）油箱的可用容量应至少是蓄能器储存液量的两倍，低于泵正常运行所需液面的液体不能视为可用容量。油箱的油位标尺应能清晰地显示储存液压油的液面。油箱两侧在液面之上有直径不小于102mm的检查口，用于对远程控制台阀件内泄漏的检查。油箱是常压容器，为了防止油箱超压，油箱上有排气孔，且气体排出量大于液体输入量，排气孔不应有堵塞和封盖。所使用液压油推荐L-HM32液压油，北方冬季选用低凝液压油，如L-HS32。

（2）蓄能器公称总容积为640L，由16个蓄能器组成，单瓶公称容积40L。井口防喷器开关动作所需的液压油由蓄能器提供，蓄能器所储存的液压油由电泵或气泵供应与补充。蓄能器里装有预充7MPa±0.7MPa氮气的胶囊，蓄能器下部装有球阀，单个蓄能器或单组蓄能器检修时总液量损失不大于25%，不影响整套系统工作。蓄能器不同工作状态时，其内部胶芯的变化如图10-7所示。

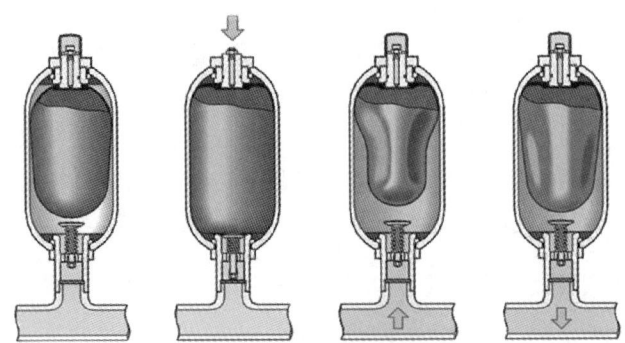

图10-7 蓄能器不同工作状态的胶芯变化

（3）管汇上还另有备用接口，需要时可为远程控制台外接额外的备用蓄能器，也可连接氮气备用系统等。

3）调节与控制

（1）闸板防喷器与环形防喷器供油管路上分别装有手动减压阀（图10-8）和气手动减压阀（或气马达减压阀），其二次油压（输出油压）一般调定为10.5MPa。

（2）闸板防喷器的闸板遇阻，10.5MPa的油压无法推动闸板，或使用剪切闸板进行剪切钻具操作时，可手动操纵旁通阀或在司钻控制台上遥控旁通阀使之处于开位，利用蓄能器21MPa的高压油推动闸板动作。

（3）装置上有两个溢流阀。电泵通向蓄能器的管路上装有蓄能器溢流阀，如图10-9所示，用来保护蓄能器，蓄能器溢流阀调定开启压力为23MPa。管路上装有管汇溢流阀，调定开启压力为34.5MPa，用来保护高压管路。

第十章 液压防喷器控制装置

图 10-8 手动减压阀

图 10-9 蓄能器溢流阀

（4）供油管路上装有卸荷阀，当控制装置停用搬迁时，利用卸荷阀可将蓄能器里的液压油排回油箱。

（5）FKQ640-7 控制装置共有 7 个三位四通转阀，自右向左与井口防喷器组自上向下排列顺序一致，最右侧的转阀永远用于控制环形防喷器，最左侧的转阀为备用；控制剪切闸板的转阀安装有防误操作装置，控制全封闸板的转阀安装有防护罩，如图 10-10 所示。

图 10-10 三位四通换向阀

4）压力显示

（1）远程控制台上除气源压力表外还装有 3 个油压表，分别显示蓄能器压力、环形压力、汇流管（管汇）压力。

（2）为使司钻控制台上的操作者能随时了解远程控制台上的油压变化情况，远程控制台上装有 3 个气动压力变送器。气动压力变送器的作用是将高压油压转变为低压气压信号，通过气管缆将气压信号传输至司钻控制台上的二次仪表，由二次仪表实时显示远程控制台的油压值。

5）辅助功能

（1）电泵进油管路上还设计有外接油口，连接软管等附件，可将油桶中的油抽入油箱。

(2) 管汇上的备用接口，可临时连接高压管线将高压油引出。

(3) 根据需要可配备氮气备用系统、加热装置、报警装置等，扩展其功能。

3. 主要功能

(1) 液压油独立流动方向。环形防喷器与闸板防喷器所需液压油来自不同的管路，从而确保操作耗油量大的环形防喷器时，压力波动不会影响到闸板防喷器的控制；同时闸板防喷器需要大于 10.5MPa 液压油时，高压液压油也不会影响环形防喷器的正常使用。

(2) 关井操作方便。待命状态下，只需扳动三位四通转阀手柄使之处于开位或关位即可使井口环形防喷器、闸板防喷器或液动平板阀实现开关动作。

(3) 可被远程遥控。三位四通转阀手柄连接有双作用气缸，因此可在司钻控制台或辅助控制台上操纵气控阀件遥控远程控制台的三位四通转阀手柄，实现井口防喷器开关动作，同时环形防喷器油压也可在司钻控制台上进行远程调节。

二、司钻控制台

通常司钻最清楚钻台是否具备关井条件，因此井口防喷器的开关经常由司钻在钻台上的司钻控制台进行遥控操作，只是在气控失灵或是井口严重井喷，钻台上不能容人时才在地面上的远程控制台进行操作控制。司钻控制台的结构组成示意图如图 10-11 所示。

当需要井口防喷器开关动作时，一手扳动气源总阀手柄；另一手操纵相应三位四通气转阀手柄使压缩空气输往远程控制台上的双作用气缸，带动三位四通转阀手柄动作。在司钻控制台上同时操作气源总阀与三位四通气转阀时才能对远程控制台实行遥控操作，这样就避免了由于偶然碰撞或扳动三位四通气转阀手柄而引起井口防喷器错误动作而引发的事故。

司钻控制台上的三位四通气转阀都设有弹簧复位机构，操作者动作完毕松手后，三位四通气转阀会自动恢复中位，远程控制台上双作用气缸里的压缩空气立即逸出至大气中，因此远程控制台上的三位四通转阀随时可以手动操作，这样就保证了司钻控制台与远程控制台对井口防喷器的控制各自独立，互不干涉。

司钻控制台具有操作记忆功能，每个三位四通气转阀分别与一个显示气

第十章 液压防喷器控制装置

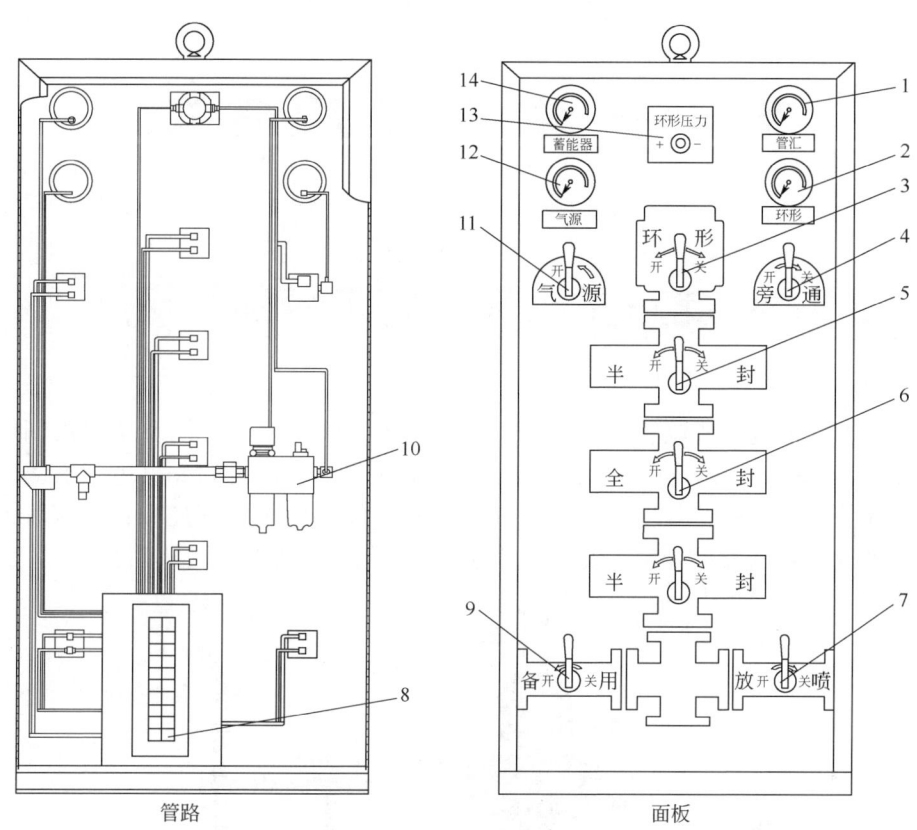

图 10-11 司钻控制台结构组成示意图

1—汇流管压力表；2—环形压力表；3—控制环形防喷器用三位四通气转阀；4—控制旁通阀用三位四通气转阀；5—控制半封闸板防喷器用三位四通气转阀；6—控制全封闸板防喷器用三位四通气转阀；7—控制液动平板阀用三位四通气转阀；8—方板；9—备用三位四通气转阀；10—气源处理元件；11—气源总阀；12—气源压力表；13—环形压力气动调压阀；14—蓄能器压力表

缸相接，当操作转阀到"开"位或"关"位时，显示窗口便同时出现"开"或"关"的字样，气转阀手柄复位后，显示标牌仍保持不变，使操作人员能了解前一次在司钻控制台上操作的状态。在钻台上操作司钻控制台只能使远程控制台上的三位四通转阀处于开位或关位，却不能使之处于中位。

第十一章 井控管汇

第一节 井控管汇概述

井控管汇包括节流管汇、压井管汇、防喷管线、放喷管线及钻井液回收管线等,如图11-1所示。通常情况下,面向井架大门,井口钻井四通右翼安装节流管汇,左翼安装压井管汇,通过防喷管线及闸阀将其连接;节流管汇下游的放喷管线为主放喷管线,压井管汇下游的放喷管线为副放喷管线。

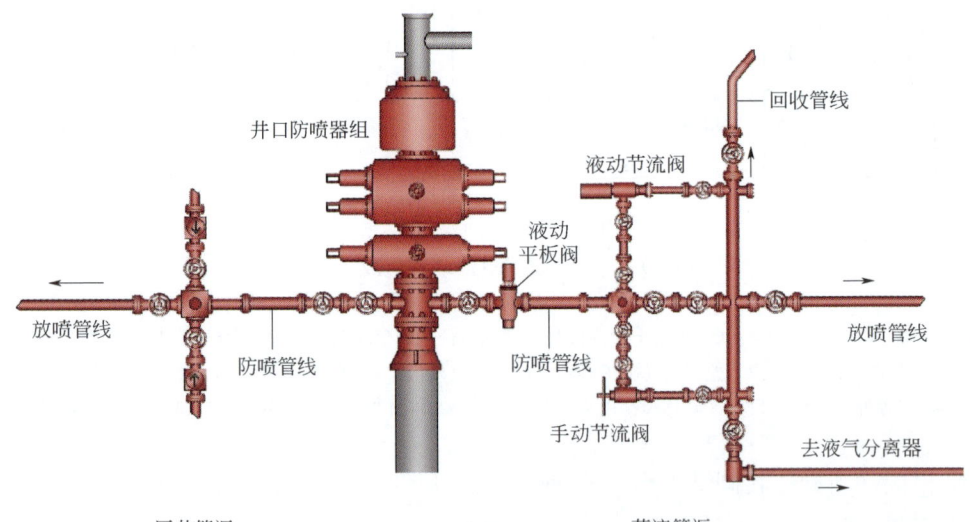

图 11-1 井控管汇布局示意图

一、额定工作压力与公称通径

节流与压井管汇的主要技术参数包括额定工作压力和公称通径。

第十一章　井控管汇

1. 额定工作压力

常用节流与压井管汇的压力等级分别为 14MPa、21MPa、35MPa、70MPa、105MPa、140MPa。节流与压井管汇及防喷管线的额定工作压力应不低于所配置的钻井井口装置额定工作压力值。

2. 公称通径

管汇的公称通径是指管线内径。节流、压井管汇与钻井四通间的防喷管线及闸阀的通径应不小于78mm。节流管汇和压井管汇后的放喷管线公称通径应不小于78mm。

二、节流管汇及压井管汇的型号

1. 节流管汇的型号

节流管汇型号表示方法如下：

JG/ 1 2 - 3

JG：节流管汇代号。

1 ：控制方式，S为手动控制；Y为液动控制；Q为气动控制。

2 ：不同控制方式节流阀数量，数量为1时省略。

3 ：额定工作压力，MPa。

例如："JG/SY-35"表示压力等级为35MPa，带1个手动控制节流阀和1个液动控制节流阀的节流管汇。"JG/SY2-70"表示压力等级为70MPa，带1个手动控制节流阀和2个液动控制节流阀的节流管汇。

2. 压井管汇的型号

压井管汇型号表示方法如下：

YG- 1

YG：压井管汇代号。

1：额定工作压力，MPa。

例如："YG-35"表示压力等级为35MPa的压井管汇。

第二节 节流管汇与压井管汇

一、节流管汇

节流管汇是用于在防喷器关闭期间,控制井内流体的流速与压力的装置。在油气井钻进中,井筒中的钻井液一旦被地层流体所污染,就会使钻井液静液压力和地层压力之间的平衡关系遭到破坏,导致溢流。在防喷器关闭的条件下,循环出被污染的钻井液,或泵入高密度钻井液压井,重建井内平衡关系时,就是利用节流管汇中的节流阀控制一定的地面回压,来维持稳定的井底压力,避免地层流体的进一步侵入。一旦需要节流管汇投入工作,只需开启防喷管线上的液动或手动平板阀,井筒的钻井液就由钻井四通流经节流管汇五通、节流阀、回收管线流回钻井液循环罐;或进入液气分离器,分离出的气体由管线引出到远离井场以外的安全区域燃烧掉,而钻井液则重新流回钻井液净化系统。当节流阀发生故障需要检修时,可将其上游与下游的平板阀关闭,将备用节流阀侧的通道打开使备用节流阀投入工作。当需要放喷时,可打开主放喷管线上的闸阀,进行放喷泄压。

1. 节流管汇的组成

节流管汇主要由节流阀、平板阀、五通、缓冲管、压力表等组成,如图11-2所示。节流管汇的额定工作压力与井口防喷器压力等级相匹配,需要注意的是,节流管汇所有部件可以都是一个压力等级;也可以有两个压力等级,即节流阀下游的第一个平板阀的下游工作压力可以低一个等级。节流管汇上安装有液动节流阀时,其开关动作需由液动节流阀控制箱来控制。

2. 节流管汇的功用

(1)当井内压力升高或实施节流循环压井时,可通过节流管汇上节流阀的开启度大小来控制井内流体,通过井口回压,维持井底压力略大于地层压力,控制和排除溢流。

(2)井口压力过高危及井控安全时,可通过放喷泄流,降低井口套管压力,保护井口防喷器组及防止压漏地层。

第十一章 井控管汇

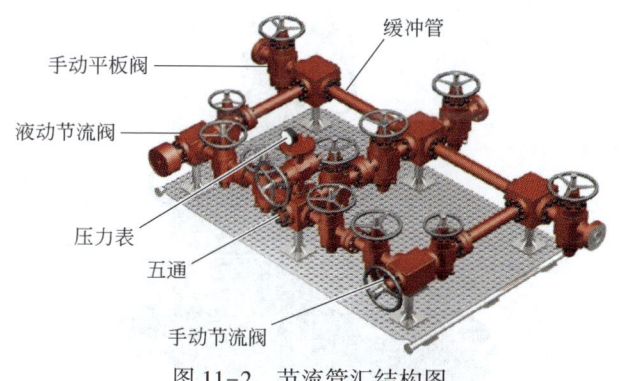

图 11-2 节流管汇结构图

（3）发生溢流进行"软关井"时，通过节流阀的泄压作用，降低井口压力和减少"水击效应"，实现安全关井。

（4）起分流放喷作用，将溢流物引出井场以外，防止井场着火和人员中毒，确保作业安全。

二、压井管汇

压井管汇是用于防喷器关闭期间，通过它向井口泵入流体的装置。关井后，在空井状态或钻具水眼堵塞无法进行正常的循环压井时，就必须利用压井管汇向井内注入压井液，这时需要在压井管汇上连接高压泵使压井液经单向阀进入井筒。现场使用两翼的压井管汇时，一侧接远程泵，另一侧接反循环压井管线，对于 105MPa 及以上的压井管汇，建议增加一条节流通道。

1. 压井管汇的组成

压井管汇主要由单向阀、平板阀、压力表、三通或四通等组成，如图 11-3 所示。

2. 压井管汇的功用

（1）关井状态，通过压井管汇往井眼内强行泵入压井液压井。

（2）发生井喷时，通过压井管汇往井眼内强行泵入清水，稀释和冷却喷出物，以防井口燃烧起火。

（3）发生井喷着火时，通过压井管汇往井眼内强行泵注灭火剂，以助灭火。

（4）需要时，启用压井管汇侧的副放喷管线，分流放喷降低井口压力。

图 11-3 压井管汇结构图

第三节 节流控制箱

节流控制箱又被称为节控箱或液控箱,是制备、储存与控制液压油流向的液压控制装置,用来远程遥控节流管汇液动节流阀的开关,并在节流控制箱上显示出立管压力、套管压力、液动节流阀的阀位开启度及泵冲的数据。节流控制箱是成功控制井涌、井喷,实施油气井压力控制技术所必需的设备。节流控制箱一般摆放在钻台上靠立管一侧,且便于观察场地节流管汇操作的位置。

节流控制箱按油泵动力分为气动式和电动式。

一、气动节流控制箱

气动节流控制箱以钻机气源系统的压缩空气为动力源,以气动泵为压力源。节控箱中的气泵与蓄能器能制备并储存一定压力的压力油;利用三位四通换向阀遥控节流管汇上的液动节流阀。

1. 结构

气动节流控制箱主要由油箱、气泵(气动液压泵)、手动泵、蓄能器、空

第十一章 井控管汇

气滤清器、油雾器、调压阀、气动截止式换向阀（二位四通气控换向阀）、先导阀、单向阀、针形截止阀（卸荷阀）、溢流阀（安全阀），以及压力变送器（压力传感器）和阀位变送器、操作面板等部件组成。

节流控制箱操作面板上装有立压表、套压表、阀位开启度表、油压表、气压表、三位四通换向阀、调压阀、泵冲计数器等。气动节流控制箱的结构如图11-4所示。

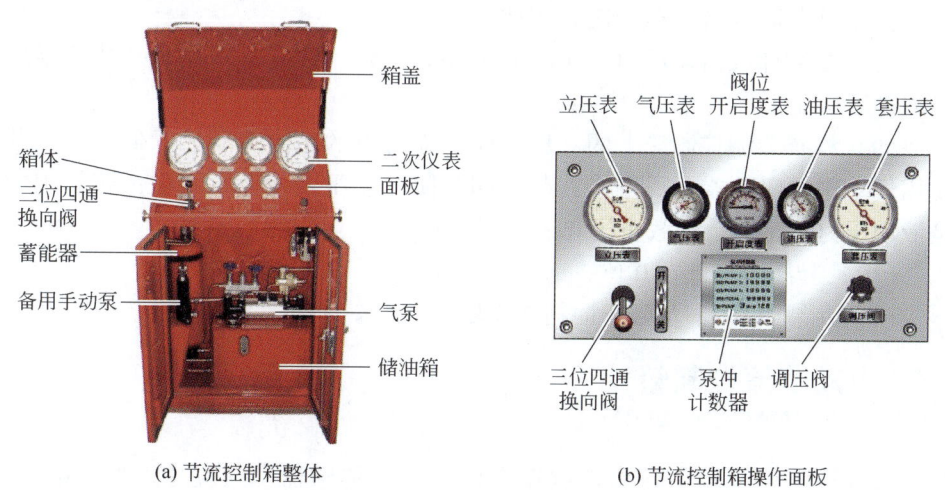

(a) 节流控制箱整体　　　　(b) 节流控制箱操作面板

图11-4　气动节流控制箱结构

气压表显示输入节控箱的压缩空气气压值，气源来自钻机气控系统；油压表显示液控油压值，压力油由蓄能器提供；阀位开启度表用来显示液动节流阀的开启程度；立压表显示关井立压及压井期间的立压值；套压表显示关井套压及压井期间的套压值；三位四通换向阀用来改变压力油的流动方向，遥控液动节流阀开大、关小或维持开度不变，从而控制套压与立压的降低、升高或稳定；有的气动节流控制箱上会有调速阀，调速阀用来控制液动节流阀开关动作的速度，从而控制套压与立压变化的快慢；泵冲计数器显示钻井泵的泵冲数，信号来自安装在钻井泵的泵冲传感器，泵冲计数器通过选择开关来显示不同钻井泵的泵冲。

2. 气动节流控制箱的待命状态

钻开油气层前，井控设备进入"待命"状态时，节控箱应调试就绪，"待命"备用，此时有关阀件与显示仪表的状况如下：

（1）气源压力表显示0.6~1.0MPa。

(2) 变送器供气管路上调压阀的输出气压表显示 0.35MPa。

(3) 气泵供气管路上调压阀的输出气压表显示 0.4~0.6MPa。

(4) 面板上的油压表显示 3MPa。

(5) 阀位开启度表显示 3/8~1/2 开启度，即指示节流阀处于半开的状态。

(6) 三位四通换向阀手柄处于中位。

(7) 卸荷阀（针形截止阀）关闭。

(8) 泵冲计数器显示值与实时的泵冲数一致，钻井泵切换、泵冲数累加与回零等功能正常。

(9) 检查节流控制箱上的立压表应与立管上的压力表所显示值一致。若使用气动压力变送器，则可将其截止阀关闭，立压表指针在 0 位；若使用的是液动压力传感器，其截止阀应一直处于开位。

(10) 套压表指针在 0 位。

(11) 储油箱的油位处于油箱 2/3 处。

二、电动节流控制箱

电动节流控制箱主要由控制箱主体、压力传感器、阀位变送器、电缆、液压管线等元件组成。控制箱由防爆电动机、齿轮油泵、手动泵、蓄能器、溢流阀、针形截止阀（卸荷阀）、单向阀、调速阀、换向阀、储油箱等液压元件和数字显示仪表等部件组成，如图 11-5 所示。

图 11-5　电动节流控制箱

第十一章　井控管汇

电动节流控制箱采用电能作为动力制备压力油，并用液压对节流管汇的液动节流阀进行开关控制，同时还可以测量、显示、输出井口套压、立压、节流阀开关位置等参数。电动节控箱具有自检功能，电子压力传感器性能可靠、灵敏度高，不受气候条件影响，杜绝了气动传感器因气温变化对压力波动的影响，以及低温时压缩空气中水分结冰堵塞通道而失灵的缺点。

第四节　井控管汇主要阀门

井控管汇上的主要阀门包括节流阀、平板阀及单向阀等。

一、节流阀

1. 节流阀的功能

节流阀是用于限制和控制液体流量的专用阀门。在节流循环或实施压井时，借助它的开启和关闭控制流动通道的大小，从而维持一定的地面回压并作用于井底。节流阀是节流管汇的核心部件，节流阀阀芯的结构有多种，其工作原理都是通过手动或液动来调节阀芯与阀座的相对位置，从而改变液流截面积的大小以达到节流的目的。

2. 节流阀的类型与结构

根据节流阀驱动方式的不同，可以分为手动节流阀和液动节流阀，如图11-6所示。

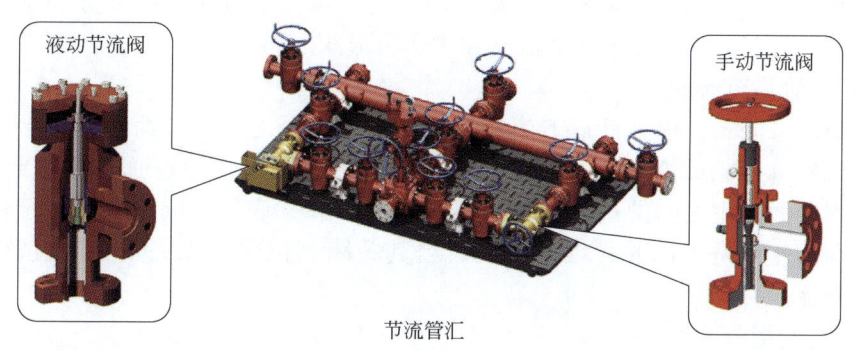

图11-6　液动节流阀与手动节流阀布置图

手动节流阀是通过手轮旋转机构带动阀芯，调节其与阀座间的相对位置，来改变液流面积的大小，从而达到节流的目的，如图11-7所示，其结构主要包括阀体、阀座、阀芯、阀杆及手轮等。

液动节流阀的阀盖尾部是液缸及活塞，可以通过节流控制箱遥控其进行开关，靠液压油推动活塞带动阀杆，再带动阀芯运动，使阀芯与阀座之间的流动通道面积改变来达到节流的目的，如图11-8所示。为使操作节流控制箱的人员能知道节流阀的开启度，在阀盖的液缸外端装有阀位变送器或节流阀驱动器。

图11-7　手动节流阀

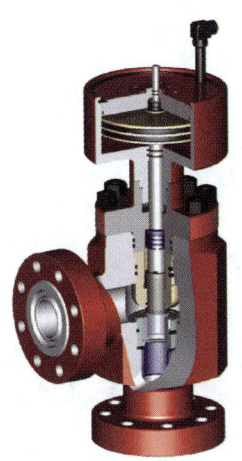
图11-8　液动节流阀

3. 节流阀的分类

手动节流阀和液动节流阀均属于可调节流阀，可调节流阀又分为节流截止型和只节流不截止型两种。根据阀芯结构不同，节流阀又可以分为锥形节流阀、筒形节流阀、孔板式节流阀和楔形节流阀。

1）锥形节流阀

锥形节流阀也称为针形节流阀，主要由锥形阀芯、内锥面阀座、阀体和驱动机构（手轮或液缸）等组成，如图11-9所示。其原理是通过调节锥形阀芯与内锥面阀座之间的过流间隙，实现对井口和井底压力的控制。由于锥形阀芯与阀座都是锥面并且锥度相同，当其关闭到位时可以完全关闭过流面，实现断流。

2）筒形节流阀

筒形节流阀的阀芯为筒形，为整体硬质合金；阀座内圈镶硬质合金；阀

第十一章　井控管汇

盖与介质接触端均焊有硬质合金，使之具有良好的耐磨性和抗腐蚀性。在阀的出口通道上嵌有尼龙的耐磨衬套，以保护阀体不受磨损。筒形节流阀的结构如图 11-10 所示。

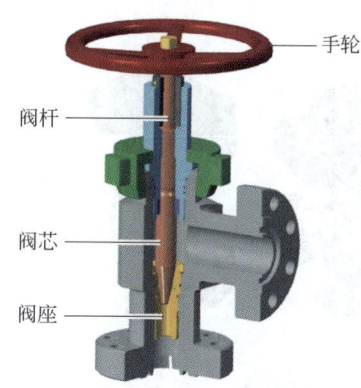

图 11-9　锥形节流阀

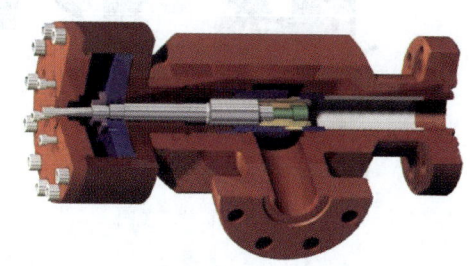

图 11-10　筒形节流阀

该阀的特点是：具有较好的抗腐蚀和耐冲刷性能；筒形阀芯和阀座内圈为硬质合金，且能颠倒使用，增长了使用寿命；较大的阀体腔和筒形阀体结构，相对于锥形节流阀，它具有较大的流量；采用侧进正出的流向，其筒形阀板周围的导筒减少了节流时的振动，减少了噪声；筒形节流阀只能节流，不能作为截止阀来使用。

3）孔板式节流阀

孔板式节流阀是由两块极具抗冲蚀能力的孔板组成，孔板由特殊碳化钨材料磨制而成，阀盖与阀体之间采用螺栓相连。阀杆密封采用 O 形密封圈及聚四氟乙烯密封圈（PTFE 密封圈）的双重密封。阀芯根据样式不同可分为单圆孔式、双圆孔式和单螺旋孔式阀芯。与其他节流阀相比，更具抗冲损及磨损的能力，具有更长的工作寿命。孔板式节流阀及阀芯样式如图 11-11 所示。

操作节流阀时，顺时针旋转手轮开启程度减小，逆时针旋转开启程度变大。手动孔板式节流阀靠手轮的转动来改变节流面积，液动孔板式节流阀由液动驱动器来驱动，阀芯以轴线为旋转轴，既可调节流体的节流面积，又可截断流体通道。当被关闭时，进出口之间的压力差能使两块孔板紧紧地压在一起，实现密封切断的功能。

4）楔形节流阀

楔形节流阀主要由楔形阀芯、防冲蚀阀座、阀体和驱动机构（手轮或液缸）等组成，如图 11-12 所示。由于在节流阀下游管道镶嵌有硬质合金，因此该型节流阀具有较好的耐冲蚀能力，能有效防止节流阀下游管路被刺坏。同其他节流阀相比，楔形节流阀具有更强的耐冲蚀与抗磨损能力，使用寿命更长。

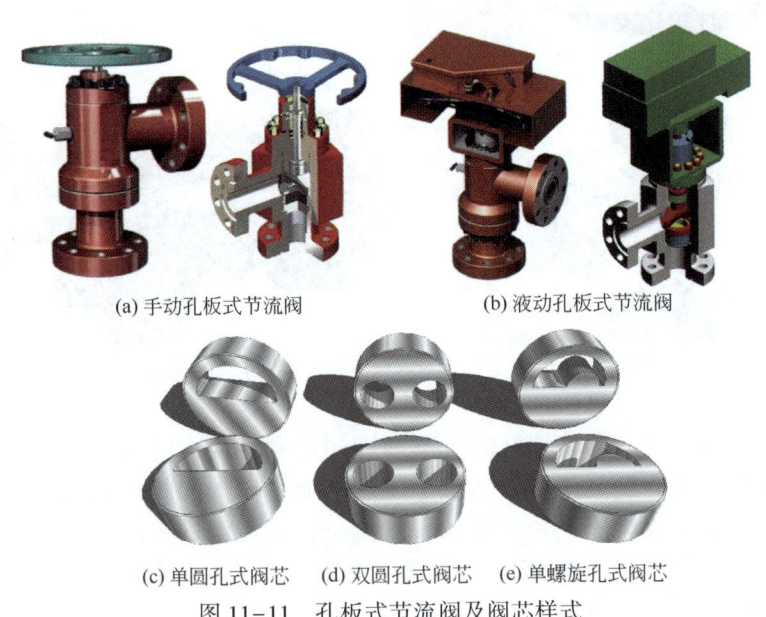

图 11-11　孔板式节流阀及阀芯样式

图 11-12　楔形节流阀

4. 节流阀的使用注意事项

（1）节流阀在正常作业的待命工况时处于"半开"位。

（2）在溢流控制中，节流阀根据井口压力要求可以让阀芯停在任何位置,主要起节流作用,用于控制井口排出液体的流量和压力,以平衡地层压力。

(3)手动节流阀开、关操作时,顺旋关闭,逆旋开启。

(4)液动节流阀开、关操作时,扳动液动节流控制箱上的换向阀手柄,实现液动节流阀的开关操作。

(5)只节流不截止型的节流阀只能节流不能断流,当需要断流时,应关闭其上游的平板阀。

二、平板阀

1. 平板阀的功能

平板阀是指关闭件(闸板)沿介质通道中心线的垂直方向运动的闸阀,平板阀在管汇中担负着承受压力,开启和截断管道内介质的流动,并控制高压介质按照指定方向流动的任务。平板阀还可满足介质双向流动,在全开或全关状态时,闸板受介质的冲蚀作用小。其密封是压力自紧式浮动密封,可保证在高压下可靠地工作。

2. 平板阀的分类及结构

平板阀根据驱动方式的不同,可以分为手动平板阀、液动平板阀和液动/手动平板阀三种,如图11-13所示。

(a)手动平板阀　　　　(b)液动平板阀　　　　(c)液动/手动平板阀

图11-13　不同驱动方式的平板阀

手动平板阀主要由阀体、阀盖、阀杆、丝套、阀板、阀座、尾杆、手轮及护罩等组成,丝套与阀杆以左旋螺纹(反扣)相接,阀板与阀杆利用T形榫槽挂接，阀板与阀座靠碟形弹簧相互自由贴紧。液动平板阀的结构和手动平板阀基本相同，只是由液压油缸、活塞取代上部手轮机构。平板阀的结构如图 11-14 所示。

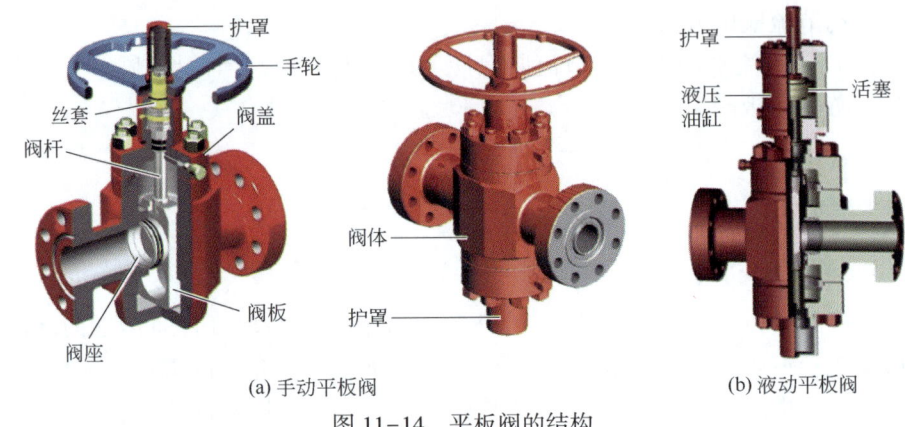

(a) 手动平板阀　　　　　　　　　　　　(b) 液动平板阀

图 11-14　平板阀的结构

现场常用的平板阀根据阀杆裸露与否可分为暗杆平板阀、明杆平板阀；明杆平板阀又有不带尾杆和带尾杆两类，如图 11-15 所示。

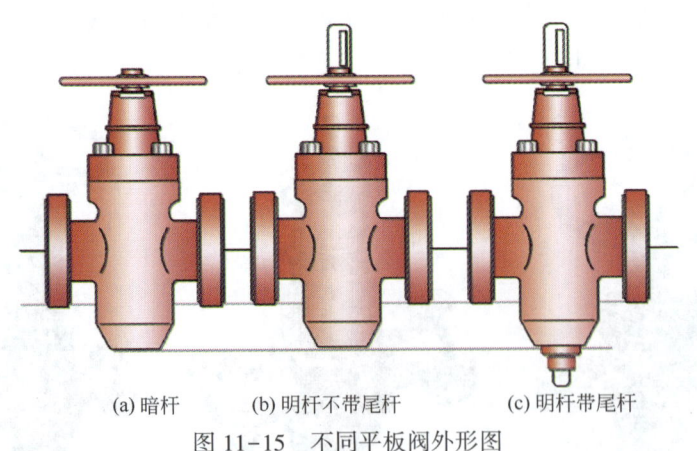

(a) 暗杆　　　(b) 明杆不带尾杆　　　(c) 明杆带尾杆

图 11-15　不同平板阀外形图

1) 暗杆平板阀

暗杆平板阀的阀杆螺母在阀体内与介质直接接触，开关阀板时通过旋转阀杆来实现。有显示机构的，其开关状态明显；无显示机构的，开关状态不明显。

第十一章 井控管汇

该阀的高度总保持不变，安装空间小，适合于大口径或安装空间有限制的环境。

2）明杆平板阀

该阀的阀杆螺母安装在轴承套支架上，开关阀板时，用旋转阀杆螺母来实现阀杆带动阀板的升降，实现阀的开关，因此阀的开关状态明显。

（1）明杆带尾杆平板阀。如图 11-16 所示，该阀在阀体的尾部加一尾座，其中有尾杆与阀板的尾部相接。尾杆的作用是使阀在开关的全过程中保持阀腔的容积不变，可采用进口端密封和出口端密封。

（2）明杆不带尾杆平板阀。如图 11-17 所示，此阀阀体同暗杆阀阀体一样。由于在开关过程中阀杆要上升或下降，故阀腔的容积要改变。

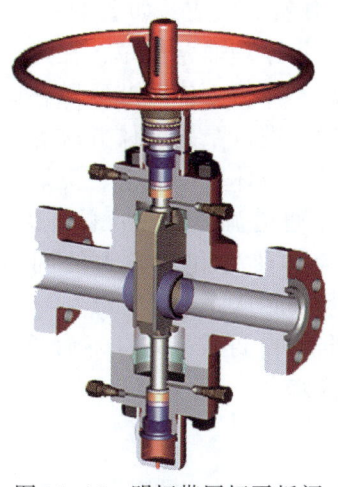

图 11-16　明杆带尾杆平板阀

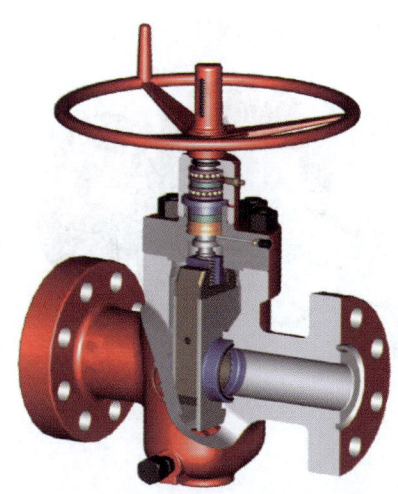

图 11-17　明杆不带尾杆平板阀

3. 平板阀的使用注意事项

（1）平板阀是一种截止阀，只能处于全开或全关的位置，决不能处于半开半关位置，决不能把平板阀当作节流阀使用，否则在钻井液的高压、高速流动冲蚀下将使其过早损坏。

（2）手动平板阀关到位后要回转 1/4~1/2 圈，保证阀板的浮动密封。

（3）使用双联平板阀，在待命工况时，一般设置为前阀开启（备用）、后阀关闭，即距离井口方向近的平板阀呈开启备用状态，距离远的平板阀呈关闭状态。

（4）为了保证阀板与阀座之间可靠的密封和得到良好的润滑，应定期给阀腔补注润滑密封脂。各部件的表面也应涂以润滑脂，起到防锈抗腐、润滑减磨的作用。

三、单向阀

1. 单向阀的功用

压井管汇上装有单向阀（又称为单流阀），高压泵将压井液注入井筒时，压井液从单向阀低口进入高口输出，停泵时井口高压流体不会沿单向阀倒流。它是压井管汇上的关键部件。

2. 单向阀的结构及工作原理

单向阀主要由阀体、压盖、阀芯、阀座、弹簧等组成，如图11-18所示。单向阀工作原理非常简单，在进口无流体泵入时，弹簧力使阀芯紧贴在阀座上实现密封；进口泵入流体并顺着标志箭头流动时，液体推动阀芯，克服弹簧力作用打开通道流体通过；停止泵入后，在井内流体压力和弹簧力的同时作用下，压紧阀芯从而实现密封。

单向阀自封效果好、寿命长，现场也便于检修。

图11-18 单向阀

第五节 井控管汇的其他管线

一、防喷管线

防喷管线包括钻井四通出口至节流管汇和钻井四通出口至压井管汇之间的管线、平板阀、法兰及连接螺栓等零部件，防喷管线是井控设备的高压承压件。

（1）钻井四通两侧的每条防喷管线应各装两个平板阀，其中一只应直接与钻井四通相连，处于常开状态。根据不同季节和地区防冻要求，两个平板

第十一章　井控管汇

阀可以是防喷管线两头各接一个，也可以是两个平板阀双联后直接与钻井四通相连。所有平板阀应为明杆阀或带有开关状态指示器。

（2）钻井四通至节流管汇及压井管汇之间的防喷管线及闸阀通径不小于 78mm。

（3）采用双钻井四通连接时，应考虑上、下防喷管线能从井架底座工字梁下或工字梁上顺利穿过。

（4）防喷管线应采用标准法兰连接，不应现场焊接，压力等级与井口防喷器组压力等级相匹配。

（5）井口防喷器额定压力大于 35MPa 时防喷管线应采用钢制管线；35MPa 及以下压力等级时所配套的防喷管线可以使用同一压力等级的高压耐火软管线。含硫油气井的防喷管线应采用抗硫的专用管材。

（6）防喷管线长度超过 7m 应固定牢固，转弯处采用相同压力等级的角度不小于 120°的预制铸（锻）钢弯头或 90°耐冲蚀弯头。

（7）防喷管线上的液动平板阀，应由防喷器控制装置进行开关控制。

（8）在寒冷地区冬季作业时，应考虑防喷管汇等所用材料的低温性能，可通过加热、排放、充填适当的流体等方式防冻。

二、放喷管线

放喷管线指节流管汇及压井管汇向外接出的管线。

（1）放喷管线通径不小于 78mm。

（2）放喷管线全部使用法兰连接，不应用活接头连接和在现场焊接。

（3）管线出口应接至距井口 75m 以上的安全距离；含硫油气井的放喷管线出口应接至距井口 100m 以上的安全地带，距各种设施不小于 50m。

（4）含硫油气井至少应安装两条放喷管线，其布局夹角为 90°~180°。

（5）当两条管线走向一致时，管线之间应保持间距大于 0.3m，并分别固定，其出口应朝同一方向。

（6）放喷管线平直接出井场，行车处有过桥盖板，其所盖部位的管线不应有接头，转弯处应采用相同压力等级的角度不小于 120°夹角预制铸（锻）钢弯头或 90°耐冲蚀弯头。

（7）每隔 10~15m、转弯处两端、出口处用水泥基墩加地脚螺栓、地锚或预制基墩固定牢固，水泥基墩预埋地脚螺栓的直径不小于 20mm，长度不小于 0.5m；放喷管线悬空处要支撑牢固；若跨越 10m 宽以上的河沟、水塘等障碍，应架设金属过桥支撑牢固。

（8）所有平板阀应为明杆阀或带有开关状态指示器的闸阀。

（9）放喷管线应有防冻、防堵措施，低洼处可安装排污阀。

三、回收管线

钻井液回收管线安装在节流管汇下游出口处，用于在井控作业过程中将经节流管汇的钻井液引入钻井液循环罐内。

（1）钻井液回收管线出口应接至钻井液循环罐并固定牢靠，转弯处角度大于120°，其通径不小于78mm。

（2）额定压力大于35MPa时，钻井液回收管线应使用经探伤合格的金属管线；35MPa及以下压力等级时钻井液回收管线可以使用同一压力等级的高压耐火软管线。含硫油气井应采用抗硫的专用管材。

第六节　井控管汇的正确使用

使用井控管汇时有以下几点注意事项：

（1）选用节流管汇、压井管汇时，必须考虑预期控制的最高井口压力、控制流量以及防腐等工作条件。

（2）节流管汇、压井管汇的压力等级应与井口防喷器组压力等级相匹配。

（3）节流管汇五通上要接有高、低压量程的耐（抗）振压力表，低量程压力表下安装有截止阀。

（4）通常节流阀开位处于3/8~1/2，实施软关井时，先关防喷器，然后再关闭节流阀试关井。

（5）平板阀阀板及阀座处于浮动才能密封，因此手动平板阀开关到底后必须回旋1/4~1/2圈。

（6）平板阀是一种截止阀，不能用来泄压或节流。

（7）节流控制箱上的调速阀用来调节节流阀开关动作速度，不能关到底，否则将影响节流阀的开关。

（8）节流控制箱上的套压表和立压表应与其相应的压力变送器或压力传感器配套使用，不能用普通压力表代替。

（9）按季节正确选择节流控制箱所用液压油，确保节流阀从全开到全关在 2min 内完成。

（10）节流控制箱油箱的液压油应每半年更换一次，并同时清洗滤清器；每半年检查一次蓄能器氮气压力。

（11）压井管汇不能在起钻时用于灌钻井液，否则将冲蚀管线与阀件，降低压井管汇的耐压性能和寿命。

第十二章　钻具内防喷工具

在钻井过程中发生溢流，防喷器只能关闭钻具与套管间的环形空间，为了防止钻井液沿钻柱水眼向上喷出，造成水龙带因高压憋坏，需使用钻具内防喷工具。钻具内防喷工具按其结构不同可分为旋塞阀和钻具止回阀两大类。为满足起下钻铤时能及时控制钻柱水眼，还会利用钻具内防喷工具与钻杆及转换接头等组合成防喷单根或防喷立柱。

第一节　旋塞阀

旋塞阀是防止钻柱水眼内喷的有效工具之一，它安装在方钻杆或顶驱上，为方便在起下钻杆时及时控制钻柱水眼，钻台上也常备有单独的旋塞阀，称为应急旋塞阀。旋塞阀的额定工作压力通常为 35~105MPa，额定工作温度为 −20℃ 及以上。

一、旋塞阀的型号

旋塞阀的型号表示方法为：

①②/③-④（⑤×⑥）

①：旋塞阀代号，SS 为上部方钻杆旋塞阀；XS 为下部方钻杆旋塞阀。

②：旋塞阀外径，用整数阿拉伯数字表示，mm。

③：额定工作压力，MPa。

④：等级号，1 为用于地面的 1 级；2 为用于地面和井下的 2 级。

⑤：上接头螺纹代号，左旋螺纹在代号后添加 LH。

⑥：下接头螺纹代号，左旋螺纹在代号后添加 LH。

例如："XS146/35-1（NC50-LH×NC50）" 表示外径为 146mm，额定工

作压力为35MPa，等级号1级，上接头螺纹为左旋NC50，下接头螺纹为右旋NC50的下部方钻杆旋塞阀。

二、旋塞阀的分类与功用

方钻杆上安装的旋塞阀分为上部方钻杆旋塞阀（简称上旋塞）和下部方钻杆旋塞阀（简称下旋塞），上旋塞接头螺纹为左旋螺纹（反扣），安装在方钻杆上端；下旋塞接头螺纹为右旋螺纹（正扣），安装在方钻杆下端。顶驱旋塞阀一般称为IBOP，分为液动旋塞阀和手动旋塞阀。液动旋塞阀和手动旋塞阀连接在一起，接在上方的液动旋塞阀与顶驱的主轴相接，下方的手动旋塞阀与保护接头连接。

钻井作业时，方钻杆旋塞阀或顶驱旋塞阀的中孔畅通并不影响钻井液的正常循环。当发生井涌或井喷时，一方面用井口防喷器组封闭井口环形空间；另一方面根据需要酌情关闭方钻杆或顶驱上的旋塞阀，切断钻柱内部通道，实现防喷的目的，同时也阻止钻井液沿钻具水眼上窜，避免水龙带被憋破或钻井泵安全阀被憋开。方钻杆或顶驱上都有两个旋塞阀，当一个旋塞阀失效时，可提供第二个旋塞阀使用。

施工过程中，为方便在起下钻杆过程中及时控制钻柱水眼，钻台上也要备有应急旋塞阀，为方便人员搬运，应急旋塞阀上要安装有专用的抢接工具。即使施工时使用顶驱，也建议钻台上备有应急旋塞阀，在起下钻过程中发生溢流，非紧急情况下，应尽量使用应急旋塞阀而不是直接连接顶驱使用顶驱旋塞阀，因为起下钻过程中发生溢流，要完全排除溢流及压井，经常需要强行下钻，直接连接顶驱会给后续作业带来诸多不便。

三、旋塞阀的结构与工作原理

方钻杆旋塞阀主要由本体（阀体）、下阀座、密封圈、操作键、球阀、上阀座、下拼合扣环、上拼合扣环、卡环等组成，如图12-1所示。

顶驱旋塞阀主要由本体（阀体）、下阀座、操作手柄、手柄套、手柄座、球阀、上阀座、下拼合扣环、上拼合扣环、支撑环、卡环等组成，如图12-2所示为北京石油机械有限公司的DQ70BSC顶驱的旋塞阀结构图。

旋塞阀使用专用扳手将球阀转轴旋转90°实现开关。旋塞阀轴承中填满锂基润滑脂，现场使用时一般无须再进行保养。

图 12-1 方钻杆旋塞阀(下旋塞)

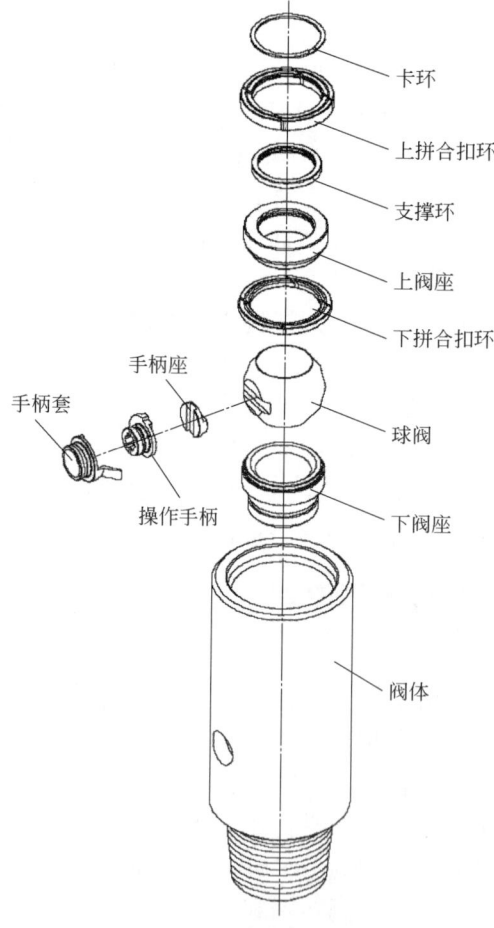

图 12-2 顶驱旋塞阀

四、现场使用要求

（1）采用转盘驱动时方钻杆上应安装有上、下旋塞阀，使用顶驱时顶驱装置上应安装有液动和手动两个旋塞阀。

（2）方钻杆下旋塞阀不能与其下部钻具直接连接，应通过保护接头与下部钻具连接。

（3）旋塞阀选用时应保证其额定工作压力与井口防喷器组的压力等级相匹配，对于使用105MPa及以上的防喷器可选用105MPa的旋塞阀。使用前，必须仔细检查各螺纹连接部位，不得有任何损伤或连接处螺纹松动现象，旋塞阀在连接到钻柱上之前，须处于"全开"状态。

（4）坚持每天检查旋塞阀，使用专用扳手旋转操作键开关活动，保持旋塞阀开关灵活。专用扳手放在易取放的位置，不应挪作他用。

（5）钻柱中的钻具止回阀失效或未装钻具止回阀时，在起下钻过程中发生溢流，在关闭防喷器前，应首先抢接处于打开状态的应急旋塞阀或钻具止回阀。

（6）钻台的应急旋塞阀应安装专用的抢接工具。

（7）旋塞阀在紧扣时不允许吊钳或液气大钳的钳牙咬合在操作键部位。

（8）根据SY/T 5525—2020《石油天然气钻采设备 旋转钻井设备 上部和下部方钻杆旋塞阀》中的相应规定，旋塞阀分为两个等级，其中1级旋塞阀只能用于地面，2级旋塞阀用于地面和井下，因此1级旋塞阀不适合随钻具下入井内。其等级号、出厂编号、制造日期和额定压力等应在旋塞阀本体钢印或标记槽中标注。

第二节　钻具止回阀

钻具止回阀是一种单向阀，钻柱中安装有钻具止回阀时，只允许钻柱内的流体自上而下流动，不允许其向上流动，从而达到防止钻具内喷的目的。现场常用的钻具止回阀包括箭形止回阀、投入式止回阀和钻具浮阀。钻具止回阀的额定工作压力为35MPa、52MPa、70MPa、105MPa和140MPa。

一、钻具止回阀的型号

钻具止回阀的型号表示方法为：

FJ $\boxed{1}$ / $\boxed{2}$ - $\boxed{3}$ $\boxed{4}$

FJ：钻具止回阀结构形式代号，FJ 为箭形止回阀；FQ 为球形止回阀；FD 为碟形止回阀；FT 为投入式止回阀；FZF 为钻具浮阀。

$\boxed{1}$：止回阀外径，mm。

$\boxed{2}$：额定工作压力，MPa。

$\boxed{3}$：接头螺纹代号。

$\boxed{4}$：螺纹旋向，右旋不标注，左旋为 LH。

例如："FJ168/70-NC50"表示外径为 168.3mm，压力等级为 70MPa，接头螺纹为右旋 NC50 的箭形止回阀。

二、箭形止回阀

箭形止回阀分为普通式和强制式，它采用箭形的阀芯，呈流线型，受阻面积小。普通式箭形止回阀主要由本体、压帽、密封盒、阀座、阀芯等组成，如图 12-3 所示。强制式箭形止回阀阀芯上安装有弹簧，可强制阀芯实现密封。

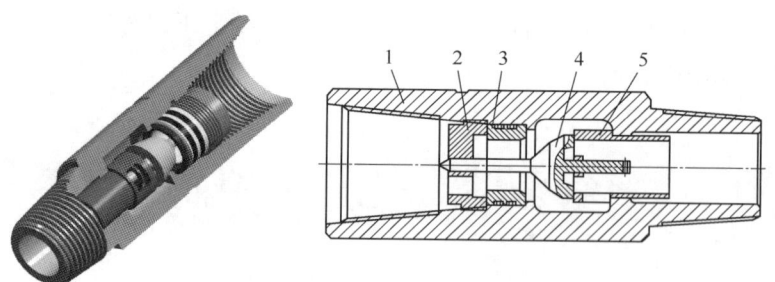

图 12-3　箭形止回阀
1—本体；2—压帽；3—密封盒；4—阀芯；5—阀座

箭形止回阀使用时安装在方钻杆下部或安装在钻柱中。为方便在起下钻杆时及时控制钻柱水眼，钻台上也常备有与在用钻杆尺寸相符并带有顶开装置的箭形止回阀，称为应急止回阀，如图 12-4 所示。顶开装置的顶杆可以将

第十二章 钻具内防喷工具

箭形止回阀阀芯完全顶开,并能够在应急止回阀安装后,满足阀芯迅速封闭钻柱水眼的要求。

起下钻发生溢流时,要把带顶开装置的箭形止回阀抢接到井口钻具上,上紧箭形止回阀与钻具的连接螺纹,再卸松顶杆的定位螺栓,在井压作用下阀芯就位关闭水眼,然后卸下顶开装置。即使箭形止回阀安装有顶开装置,阀芯处于完全顶开状态,也只能在钻具水眼无液流或很低流速下与钻柱连接。与开启状态的旋塞阀相比较,箭形止回阀要受到相对更大的阻力。因此起下钻发生溢流时,可以先抢装开启状态的旋塞阀,将旋塞阀关闭后,关闭环形防喷器控制井口,再在旋塞阀上安装钻具止回阀,并将旋塞阀打开。

三、投入式止回阀

投入式止回阀由止回阀及联顶接头两部分组成。止回阀由爪盘螺母、紧定螺钉、卡爪、卡爪体、筒形密封件、阀体、钢球、弹簧、尖顶接头等组成;联顶接头由接头及止动环组成。投入式止回阀如图12-5所示。

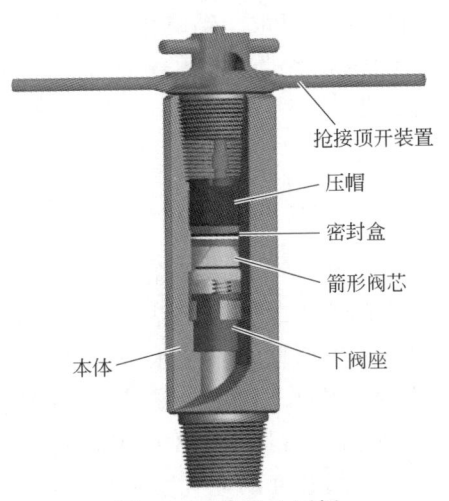

图 12-4 应急止回阀

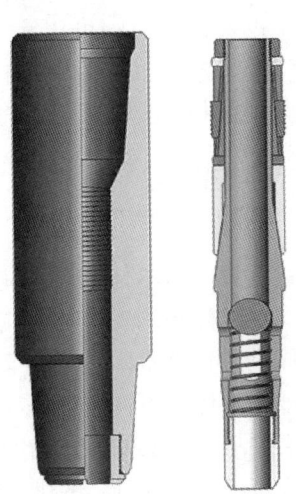

图 12-5 投入式止回阀

投入式止回阀的工作原理是:联顶接头预先安装在钻柱需要的位置,因无止回阀,钻井液循环畅通。当发生溢流需控制钻具水眼或要进行不压井起下钻作业时,才在钻具水眼中投入止回阀。止回阀坐落到联顶接头处就位后,当高压流体向上运动时,推动阀体上行,联顶接头的锯齿形牙和止回阀上部的卡爪相互锁定，由于阀体上行迫使筒形密封件胀大密封联顶接头的内孔，阀体内的钢球在弹簧的作用下密封阀体水眼，此时止回阀与联顶接头总成组成了一套内防喷工具，在正常循环钻井液或压井时，又可以很容易开启止回阀。井下流体压力越大，这种阀密封性能越好。

选用时按钻柱结构选择相应规格的联顶接头，联顶接头以上所用钻柱的最小内径应比止回阀最大外径大 1.55mm 以上，确保止回阀可以在联顶接头上部钻具水眼中顺利通过。

需要投入止回阀时，应先将方钻杆下部旋塞阀关闭，然后从方钻杆下部旋塞阀上端卸开方钻杆，将止回阀装入旋塞阀孔中，再重新接上方钻杆，打开方钻杆下部旋塞阀，开泵循环钻井液，止回阀靠自重和钻井液推动下至联顶接头的止动环处，当泵压突然升高即表明止回阀已经就位，此时止回阀允许钻柱内流体向下，而不允许通过它向上流动。钻柱从井中起出后，从联顶接头外螺纹端卸下止动环，从内螺纹端敲击止回阀，即可将止回阀从联顶接头外螺纹端取出。

发生溢流，在钻台上抢装应急止回阀，并不能满足带压强行起钻的要求，而使用投入式止回阀可以满足带压强行起钻的要求。钻具中安装有浮阀时，也可将投入式止回阀的联顶接头安装在钻杆最底端，在浮阀失效后，投入式止回阀是控制钻具水眼最为合适的应急手段。

四、钻具浮阀

钻具浮阀由本体和浮阀芯组成，工作时钻具浮阀连接在钻柱中，一般情况下，钻具浮阀均安装在近钻头端，当循环停止时能关闭钻具水眼，防止井内流体进入钻具水眼，具有防止返喷和防止岩屑堵塞钻头水眼的作用。钻具浮阀根据本体的不同分为 A 型和 B 型两种，A 型下端为外螺纹，根据钻具组合的需要可以连接在钻头转换接头或其他辅助钻具上，B 型下端为内螺纹，可以直接与钻头相连。钻具浮阀本体安装浮阀芯处的通孔直径比浮阀芯直径大 0.8mm（$\frac{1}{32}$in）。钻具浮阀如图 12-6 所示。

浮阀芯根据结构不同分为翻板式（G 型）和弹簧式（F 型），翻板式（板式）浮阀芯由阀体、密封圈、阀盖、弹簧、轴销、阀座等组成；弹簧式（箭式）浮阀芯由阀体、密封圈、轴塞、轴套、弹簧、阀座等组成，如图 12-7 所示。在正常钻井情况下，钻井液通过浮阀芯进行循环。当井下发生溢流或井喷时，浮阀芯关闭达到防喷的目的。翻板式浮阀芯具有与钻柱水眼一致的通

第十二章 钻具内防喷工具

孔,适用于高研磨性流体,同时该阀允许钢球等工具通过,能够适用于某些可能需要投球作业的钻具组合中。除了普通的标准阀芯外,现场可根据工作需要选择不同功能的浮阀芯。

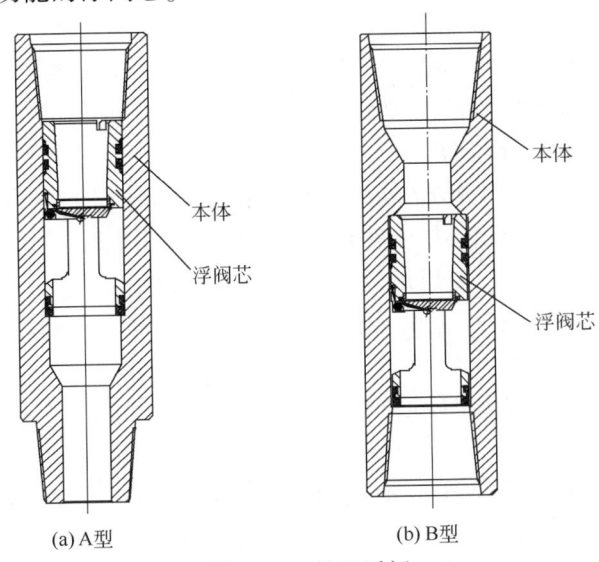

图 12-6 钻具浮阀

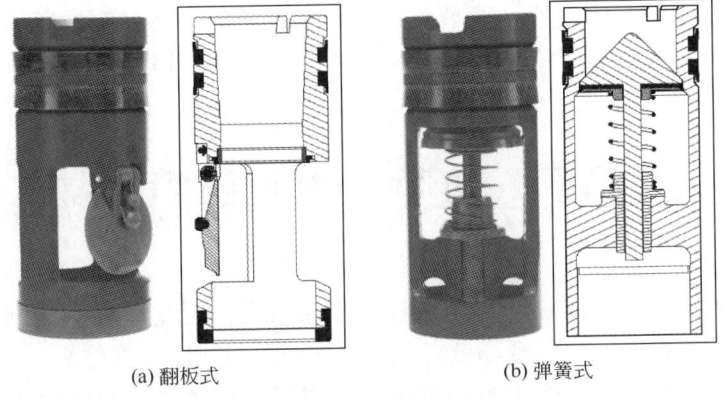

图 12-7 浮阀芯

五、钻具止回阀的安装和使用

油气层钻井作业中,需在钻柱下部安装箭形止回阀或钻具浮阀。以下特殊作业的钻具组合中不便安装箭形止回阀或钻具浮阀时，可以将投入式止回阀的联顶接头接在钻具组合中：

（1）堵漏钻具组合。

（2）下尾管前的称重钻具组合。

（3）处理卡钻事故中的爆炸松扣钻具组合。

（4）穿心打捞测井电缆及仪器钻具组合。

（5）传输测井钻具组合。

钻具止回阀的额定工作压力不低于所用闸板防喷器的压力等级。钻具止回阀的外径、强度应与相连接的钻柱外径、强度相匹配。

钻具止回阀的安装位置以最接近钻柱底端为原则：

（1）常规钻进、通井等钻具组合，止回阀接在钻头与入井第一根钻铤之间。

（2）带井底动力钻具的钻具组合，止回阀接在井底动力钻具与入井的第一根钻具之间。

（3）在油气层中取心钻进使用非投球式取心工具时，止回阀接在取心工具与入井第一根钻铤之间。

钻柱中装有普通止回阀下钻时，止回阀会关闭，防止井内流体通过钻头水眼进入钻柱，为防止钻柱内外产生过大压差，应坚持下钻一定数量钻具向其水眼内灌满一次钻井液，以平衡止回阀所承受的压力。钻柱底部装有止回阀时，起下钻发生溢流或井喷仍按常规关井程序控制井口。

第三节　防喷单根与防喷立柱

井口安装的半封闸板与所用钻杆尺寸相匹配，因此在起下钻铤时发生溢流，为了快速控制井口，现场就必须配备防喷单根或防喷立柱。

使用方钻杆时，一般配备防喷单根，防喷单根由一根与在用半封闸板规格相匹配的钻杆与开启状态的内防喷工具及转换接头组合而成（图12-8），其内螺纹端连接旋塞阀或箭形止回阀，外螺纹端连接与钻铤扣型相匹配的转换接头。如钻铤与钻杆扣型一致时，外螺纹端可不连接转换接头。内螺纹端一般连接旋塞阀，若使用箭形止回阀，该阀必须有顶开装置，且顶开装置上的手柄不应触碰吊环而影响防喷单根上扣。对于高底座的钻机，单根长度不

第十二章 钻具内防喷工具

能满足半封闸板封井要求时,可以在钻杆单根上再连接合适长度的短钻杆或使用防喷立柱。

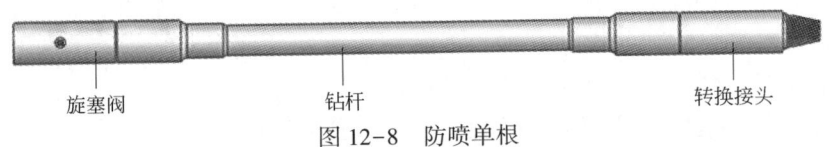

图 12-8　防喷单根

使用顶驱时,现场一般配备防喷立柱,防喷立柱由一柱与半封闸板规格相匹配的钻杆与旋塞阀及转换接头组合而成。如钻铤与钻杆螺纹扣型一致时,立柱外螺纹端可不连接转换接头。防喷立柱有两种组合方式:旋塞阀安装在立柱最顶端或安装在立柱上单根和中间单根之间。由于顶驱在使用常规的吊环时,受其长度限制,可能会造成立柱最顶端连接旋塞阀的防喷立柱,不能进入顶驱管子处理装置的喇叭口;也可能在防喷立柱与顶驱连接后,受管子处理装置的影响,最顶端的旋塞阀不便进行开关。因此,旋塞阀可安装在上单根和中间单根之间,此时防喷立柱自上而下为钻杆单根+旋塞阀+钻杆双根+转换接头。

无论现场使用的是防喷单根还是防喷立柱,将其进行组合后,都应进行功能测试,确保吊卡扣合、井口上扣及关井时,防喷单根或防喷立柱满足现场应急使用的要求。

需要注意的是,防喷单根及防喷立柱多是在起下钻铤时才会使用,要完全实现压井,经常需要将关井时连接有防喷单根及防喷立柱的钻柱下钻到尽量接近井底,因此防喷单根及防喷立柱上所用的旋塞阀应使用 2 级旋塞阀,才能满足该阀入井后能承受关井及压井过程中环空的压力。

第四节　钻具内防喷工具的正确使用

使用内防喷工具时应注意以下几点:

(1) 钻具内防喷工具的使用管理要求建立记录卡,详细记录入井使用的时间及有关参数。

(2) 对正在使用的每种规格的钻杆,应该在钻台上准备相应规格的应急旋塞阀和应急止回阀。

（3）钻具止回阀每次下钻前，应检查止回阀的密封和有无堵塞、刺漏等情况。

（4）钻具中安装有普通浮阀（或箭形止回阀），每下钻20~30柱钻杆至少向钻具水眼内灌满一次钻井液。下钻至主要油气层顶部后，要先把钻具内灌满钻井液，再循环一周后方可继续下钻。

（5）钻井液应在地面清洁过滤，避免造成钻具止回阀堵塞。

（6）箭形止回阀使用后，应用清水将内部冲洗干净并涂上润滑脂。定期检查各密封元件的密封面，不应有影响密封性能的冲蚀斑痕。钻具浮阀每次使用后，现场人员必须对阀芯与阀体进行检查。

（7）起下钻发生溢流，井口在抢装箭形止回阀时，人员应避开泄压导流口直对的方向。

（8）钻具组合中安装有钻具止回阀，就无法进行反循环作业。

（9）浮阀芯安装时应注意安装方向，浮阀芯有3个缺口的一端向上。

（10）投入式止回阀的阀芯在钻台上要妥善保管，应保持清洁并远离有腐蚀性的物品。

（11）发生溢流关井后，旋塞阀一般作为安全阀来使用，要及时在其上方安装钻具止回阀，并将旋塞阀打开；关闭的旋塞阀当承受较大的井压时，存在不易打开或卡死的风险。

第十三章 套管头、钻井四通与法兰

第一节 套管头

套管头是套管与井口装置之间的重要连接件，它的下端通过螺纹、卡瓦或焊接的方式与表层套管相连，上端通过法兰或卡箍连接钻井四通及防喷器等装置。套管头是钻完井期间及全生命周期中的重要井筒屏障部件，是用于悬挂套管及密封环形空间的重要装置。在钻完井期间，与防喷器组一起构成井控部件，完井之后，又是采油气井口装置的永久性组成部分。

一、套管头的型号

T $\boxed{1}$ - $\boxed{2}$ - $\boxed{3}$

T：套管头代号。

$\boxed{1}$：套管层序（以套管尺寸代号表示，各套管尺寸代号间用"×"连接）。

$\boxed{2}$：额定工作压力，MPa。

$\boxed{3}$：更新设计号，用阿拉伯数字表示。

注：套管头尺寸代号（包括连接套管、悬挂套管）用套管外径的英寸值表示。

例如："T9$\frac{5}{8}$×7-35"表示该套管头连接套管外径为244.5mm（9$\frac{5}{8}$in），悬挂套管外径为177.8mm（7in），额定工作压力为35MPa的单级套管头。"T13$\frac{3}{8}$×9$\frac{5}{8}$×7-35"表示该套管头连接套管外径为339.7mm（13$\frac{3}{8}$in），悬挂套管外径为244.5mm（9$\frac{5}{8}$in）、177.8mm（7in），额定工作压力为35MPa的双级套管头。

二、套管头的用途

套管头是连接套管与井口装置的重要设备，其主要作用包括：
（1）通过悬挂器支撑除表层套管之外各层套管的重量。
（2）承受井口装置的重量，快速而又可靠地连接套管柱。
（3）承受井内介质压力，形成主、侧通道。
（4）在内外层套管之间形成压力密封，对套管柱间的环空进行压力检测，使井内的水泥浆和钻井液返出或在紧急情况下向井内泵入流体。

套管头较底法兰能支撑更大的套管重量，使井口装置具有更大的稳定性；它能承受更大的井口压力，与防喷器的额定工作压力一致；具有更好的性能与强度。套管头使整个井口装置具有更大的安全性和可靠性。

三、套管头的类型

套管头分为标准套管头和简易套管头。

1. 标准套管头

标准套管头按悬挂套管层数可分为单级套管头、双级套管头和多级套管头。

（1）单级套管头又称为表层套管头，按套管头底部与表层套管连接方式可分为卡瓦式、螺纹式、焊接式，如图13-1所示。

(a) 卡瓦式套管头　　　(b) 螺纹式套管头　　　(c) 焊接式套管头

图13-1　单级套管头

（2）双级及多级套管头按本体连接形式分为卡箍式和法兰式，按组合形式分为单体式和组合式。组合式双级套管头与组合式多级套管头如图13-2和图13-3所示；单体式双级套管头如图13-4所示。

第十三章 套管头、钻井四通与法兰

图 13-2 组合式双级套管头

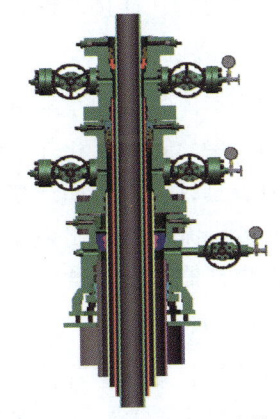

图 13-3 组合式多级套管头

图 13-4 单体式双级套管头

2. 简易套管头

简易套管头均为单级套管头,对于地层压力较低的浅井,只需悬挂一层套管时,常常使用简易套管头。它具有结构简单、成本低、现场安装快捷等特点,其本体上端为标准法兰,下端为标准的套管螺纹,可直接与套管连接。本体两侧循环孔各连接闸阀和压力表,可对井内套管间环空介质、压力进行监测和引流,为保证固井质量进行补挤水泥时提供通道。

四、套管头的结构

套管头主要由套管头本体和悬挂器总成组成。其他零部件包括防磨套、螺栓螺母、密封垫环、橡塑密封件、注塑枪以及注塑密封脂和试压塞等,用于套管头的防磨、连接、密封及试压等。

1. 套管头本体

套管头本体为四通承载壳体，承受介质压力，通过悬挂器支撑除表层套管之外的各层套管重量和井口防喷器组的重量，如图13-5所示。侧通道连接件由压力表总成、闸阀和连接法兰等组成，对井内各套管柱间的环空进行压力检测并提供流体的返出或泵入的通道。套管头上法兰带有顶丝，用于顶住防磨套或悬挂器，内腔设计有套管悬挂器坐落台肩。

2. 套管悬挂器

套管悬挂器又称套管挂，用来悬挂套管、油管并在内外套管柱之间的环形空间及上部连接（法兰）处形成压力密封，如图13-6所示。套管悬挂器分为芯轴式和卡瓦式两大类。

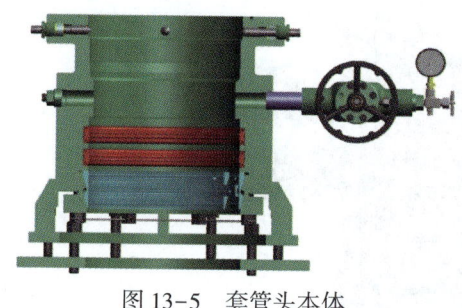

图13-5 套管头本体

图13-6 套管悬挂器

3. 防磨套

防磨套主要用于防止在钻井作业过程中，钻具对套管头内腔密封面造成的损坏，如图13-7所示，它通过防磨套取送工具进行安装与回收（图13-8）。

图13-7 防磨套

图13-8 防磨套取送工具

第十三章 套管头、钻井四通与法兰

4. 试压塞

试压塞主要有普通试压塞和皮碗式试压塞两种。

（1）普通试压塞。试压塞坐封在套管头旁通口上部，以对试压塞以上所连接的井控设备进行试压，如图 13-9 所示。

（2）皮碗式试压塞。使用时连接钻具，下入套管内，环空注满试压介质并关闭防喷器后，缓慢上提钻具实现对井控装备试压，也称提拉式试压塞。目前常用的皮碗式试压塞压力级别为 35MPa，如图 13-10 所示。

图 13-9　普通试压塞

图 13-10　皮碗式试压塞

第二节　钻井四通与法兰

一、钻井四通

钻井四通安装于井口防喷器组合之间，有两个主要作用：一是连接防喷管线，用于防喷器关闭期间排除溢流和压井节流循环；二是保护防喷器，延长其使用寿命，因为钻井液中含有大量的岩屑、砂粒及处理剂中的固相物质等，若通过防喷器本体上的侧孔进行循环、放喷及压井，会加速防喷器壳体的磨损、冲蚀，而缩短其使用寿命。另外，钻井四通若安装在防喷器之间，能为井口防喷器组合尤其是上下半封闸板之间提供更大的空间，有利于进行强行起下钻等特殊作业。

钻井四通的工作压力级别应与井口防喷器额定压力一致，其公称通径不得小于最内层套管的内径或等于井口组合的最大通径。钻井四通结构简单，主要包括四通主体、上法兰、下法兰及侧法兰，如图13-11所示。

根据现场需要，井口防喷器组合中应配备1~2个钻井四通，根据用途不同分为常规钻井四通与多功能四通。

图 13-11　钻井四通

1. 常规钻井四通

常规钻井四通下法兰连接套管头，上法兰连接防喷器组或安装于防喷器与防喷器之间，两侧通道安装有闸阀及防喷管线，再与井架底座外的节流、压井管汇连接。常规钻井四通如图13-12所示。

图 13-12　常规钻井四通

2. 多功能四通

多功能四通将油管头与套管头的功能相结合，可一次性完成钻井、完井及试油等作业。作业过程中，不需要反复换装井口，减少了井口和节流压井管汇重新安装、试压的时间，同时还可以减少多次换装井口带来的井控风险，多功能四通如图13-13所示。多功能四通下部与套管之间的密封为金属密封和BT密封结构，具有更好的密封性能和更长的使用寿命。

二、法兰与密封垫环

法兰与密封垫环与防喷器等其他的井控设备一样重要，它们是连接、密

第十三章　套管头、钻井四通与法兰

封钻井井口设备所必备的井控附件，其可靠性对井口装置的安全工作具有极其重要的作用。法兰与密封垫环为国际通用的标准件。

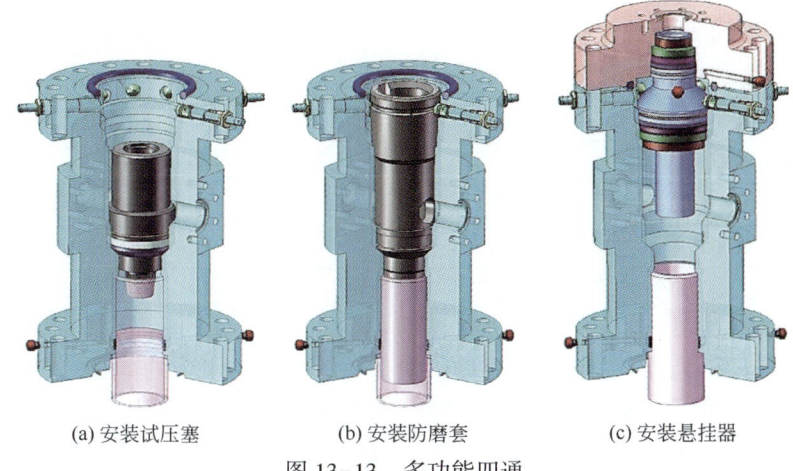

(a) 安装试压塞　　　　(b) 安装防磨套　　　　(c) 安装悬挂器

图 13-13　多功能四通

1. 法兰

根据 API 标准，法兰可分为 6B 和 6BX 两种类型，如图 13-14 所示。从结构上看，6B 型法兰有盲板式、整体式、螺纹式和焊颈式等几种类型；其额定工作压力有 14MPa、21MPa、35MPa 三个等级；6B 型法兰属于垫环连接形式，而非面靠面结合式法兰，螺栓上紧力作用于金属密封垫环上。6BX 型法兰有盲板式、整体式和焊颈式 3 种类型；其额定工作压力有 14MPa、21MPa、35MPa、70MPa、105MPa、140MPa 六个等级；6BX 型法兰是带凸台面的垫环结合式法兰，这种支撑可防止螺栓上紧力过大对法兰或垫环的损坏。法兰的额定工作压力和尺寸范围如表 13-1 所示。

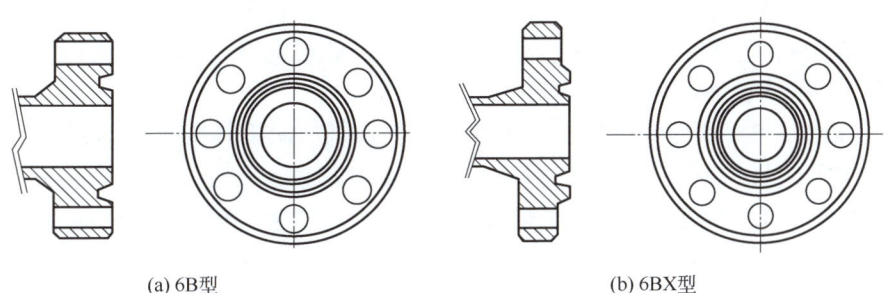

(a) 6B型　　　　　　　　　　　　(b) 6BX型

图 13-14　法兰

表 13-1　法兰的额定工作压力和尺寸范围

额定工作压力 MPa（psi）	法兰标称尺寸范围，mm（in）	
	6B 型	6BX 型
14（2000）	52~540（2$\frac{1}{16}$~21$\frac{1}{4}$）	679~762（26$\frac{3}{4}$~30）
21（3000）	52~527（2$\frac{1}{16}$~20$\frac{3}{4}$）	679~762（26$\frac{3}{4}$~30）
35（5000）	52~279（2$\frac{1}{16}$~11）	346~540（13$\frac{5}{8}$~21$\frac{1}{4}$）
70（10000）	—	46~540（1$\frac{13}{16}$~21$\frac{1}{4}$）
105（15000）	—	46~476（1$\frac{13}{16}$~18$\frac{3}{4}$）
140（20000）	—	46~346（1$\frac{13}{16}$~13$\frac{5}{8}$）

2. 密封垫环

密封垫环用于法兰连接的密封，根据 API 标准，密封垫环根据型号可分为 R 型、RX 型和 BX 型（图 13-15）；密封垫环根据截面可分为椭圆形和八角形。R 型密封垫环既有椭圆形也有八角形，RX 型和 BX 型密封垫环为八角形。

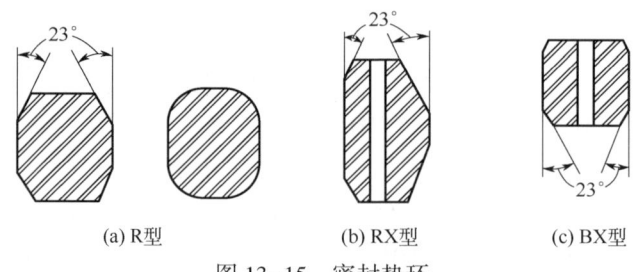

(a) R型　　(b) RX型　　(c) BX型

图 13-15　密封垫环

R 型密封垫环为机械压紧式密封，密封效果依靠于螺栓的压紧程度。钻井作业中一些外部的振动或内部压力都有可能导致密封垫环密封部位产生挠曲，螺栓施加在密封垫环上的力开始降低，因此可能导致泄漏，所以施工过程中需要经常检查与重新上紧螺栓。

RX 型、BX 型密封垫环上有压力传递的通孔，具有压力增强式密封（助封）作用，即在一定程度上是利用井压来实现密封，并且井的压力越高，密封越可靠，而不完全依靠法兰螺栓的上紧力矩来密封，螺栓只需要一次上紧即可，并可同时产生自密封的效果。钻井作业时的压力变化不会影响到密封垫环的密封效果。

R 型和 RX 型密封垫环适用于 6B 型法兰，并可互换使用，如图 13-16

(a)、图 13-16(b) 所示。法兰使用卡箍连接时只能使用 RX 型密封垫环。BX 型密封垫环适用于 6BX 型法兰，如图 13-16(c) 所示。BX 型密封垫环不能与 R 型和 RX 型密封垫环互换使用。

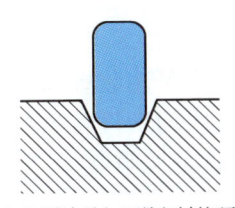 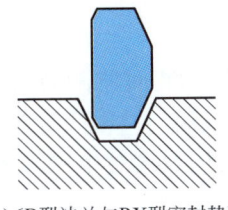 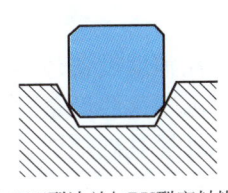

(a) 6B型法兰与R型密封垫环　　(b) 6B型法兰与RX型密封垫环　　(c) 6BX型法兰与BX型密封垫环

图 13-16　不同法兰与适用的密封垫环

密封垫环所用加工材料为钢或不锈钢，含碳量低，硬度低，现场使用时要注意不要让密封垫环与其他物体发生磕碰，密封垫环也不应与螺栓、手工具等混放在一起。井控设备所使用的密封垫环只能使用一次。

第十四章 井控辅助设备

井控辅助设备包括除气设备、液面监测装置、钻井液灌注装置及点火装置等。由于这些设备种类型号众多。本章只简单介绍这些辅助设备的功用结构和原理等基础知识。具体的使用及注意事项等需参照设备说明书。

第一节 除气设备

在油气层钻进时，钻井液会被气侵，尤其是进行欠平衡钻井时。而气侵钻井液如不能得到及时的处理，轻者使钻井泵效率下降；重者会造成钻井液密度下降并形成恶性循环，使井内液柱压力急剧下降，很容易引起溢流乃至井喷。因此，在探井、气井或气油比高的油井进行钻井作业时必须配备除气设备。目前钻井现场常用的除气设备有液气分离器和除气器。

当钻井液中含有气体时，可先经液气分离器脱掉气侵钻井液中的大气泡，然后将其送入除气器进一步脱气，有效地恢复其密度，避免盲目加重而带来加重剂的大量浪费或把地层压漏，同时有利于压井时迅速地排除溢流。

一、液气分离器

液气分离器又叫初级除气器，是钻井现场处理气侵钻井液的脱气装置。目前常用的钻井液液气分离器多为重力沉降式，由罐体、进液管、排液管、排气管等组成。内部结构上大多是在其内部设多道分离板，增加液流的行程和液流的接触面积，从而提高气液分离效率。按照控制分离室内液面的方法不同，重力沉降式液气分离器分为浮球式和静液（U形管）式两种，如图14-1所示。钻井现场通常使用静液（U形管）式液气分离器。

液气分离器用来处理从井内经节流管汇返出的含气钻井液，除去钻井液中的气体，回收初步净化的钻井液。钻井作业中，要求液气分离器的处理量不小于井口返出流量的1.5倍，允许采用两台以上的液气分离器串联使用。常用液气分离器基本参数见表14-1。

第十四章 井控辅助设备

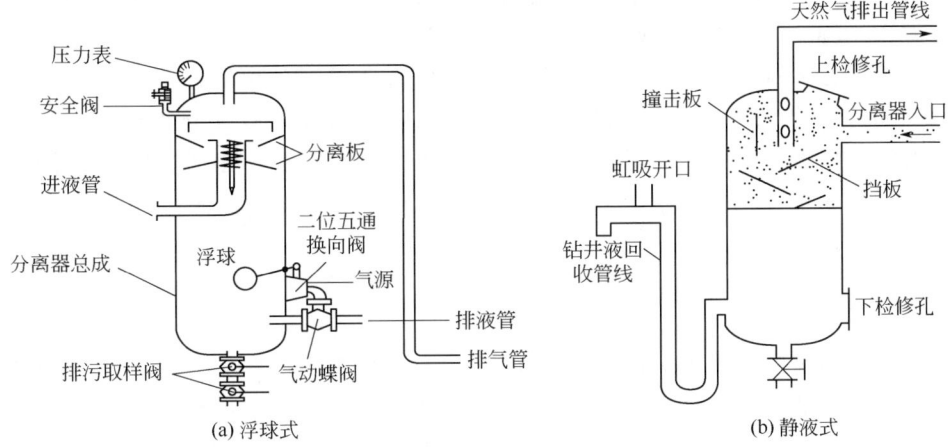

图 14-1 液气分离器

表 14-1 现场常用液气分离器基本参数

参数	型号			
	YQF-6000/0.8	YQF-8000/1.5	YQF-8000/2.5	YQF-8000/4
液体最大处理量，m^3/d	6000	8000	8000	8000
气体最大处理量，m^3/d	100000	147000	147000	147000
最高工作压力，MPa	0.8	1.5	2.5	4
内径×壁厚，mm×mm	800×10	1200×10	1200×14	1200×24
排气口直径，mm	≥159	≥219	≥219	≥219
排液口直径，mm	≥219	≥219	≥219	≥219
排污口直径，mm	≥159	≥159	≥159	≥159
容积，m^3	≥1.6	≥6	≥6	≥6

　　液气分离器的工作原理是：从井内经节流管汇返出的含气钻井液进入分离器，按分离板布置的方向进行流动，使钻井液表面积增大，并在分离板上分散成薄层使气体暴露在钻井液的表面，气泡破裂，从而使钻井液和气体得到分离。分离出的气体从分离器顶部经排气管引至远离井口处燃烧掉。

　　液气分离器的工作压力等于游离气体由排出管线排出时的摩擦阻力。液气分离器内始终保持一定高度的液面，如果排出管线排出时的摩擦阻力大于分离器内钻井液柱的静液压力，将造成"短路"，未经分离的混气钻井液就会直接排入振动筛之前的缓冲罐。对于静液式液气分离器，排液管的 U 形管用于调节分离器罐体内的液柱液封面，U 形管高度要不小于 3m。对于液体处理量为 8000m³/d 的液气分离器,进液管线上要配有减压罐,减压罐的进口压力分为 35MPa、21MPa、14MPa、7MPa、3MPa 五种。

液气分离器上部一般安装安全阀,安全阀在液气分离器最高工作压力的 98%~105% 的范围内能自动开启,并且开启灵活可靠。液气分离器上安装的压力表为耐震型,其精度等级不小于 1.6 级,表盘直径不小于 100mm。液气分离器每 3 年检测一次。

二、除气器

除气器是钻井液 5 级净化处理装置之一,其作用是在钻井过程中及时除掉气侵钻井液中的气体,恢复钻井液原密度和黏度。除气器根据除气原理的不同,可分为常压除气器、真空除气器和离心式除气器。除气器如图 14-2 所示。

(a) 真空除气器　　(b) 离心式除气器

图 14-2　除气器

常压式除气器利用离心机抽吸气侵钻井液,借助离心力使钻井液在其喷射罐内喷射、撞击内壁,使气体释放出去。

真空除气器利用真空泵的抽吸作用,在真空罐内形成负压区,钻井液在大气压的作用下,通过吸入管进入转子的空心轴,再由空心轴四周的窗口呈喷射状甩向罐壁,在碰撞、真空及气泡分离器的作用下,浸入钻井液中的气泡破碎,气体逸出,通过真空泵抽出并排往安全地带,钻井液则由于自重进

第十四章 井控辅助设备

入排空腔，经转子排出罐外。真空泵有两个不同的作用：一是利用真空泵的抽吸作用使钻井液进入真空罐内；二是利用真空泵使气体被抽出真空罐外。吸入管伸入钻井液循环罐内，在钻井液无气侵的情况下，真空除气器可作为大功率搅拌器使用，使用时根据钻井液密度调整负压压力。使用真空式除气器时应注意，排液管线必须埋入钻井液循环罐内或钻井液槽内，否则不能形成真空。

离心式除气器利用离心分离原理，将钻井液中的气体分离出来。离心式除气器将注入泵和分离罐合二为一，当除气器主轴旋转时，气侵钻井液先由除气器下部的泵轮泵入上部的分离腔内，分离腔内的分离叶片旋转驱动钻井液随之旋转，在分离腔圆筒内壁上形成钻井液紊流薄壁，使钻井液中的气泡迅速破裂并由排气管排出，除过气的钻井液继续上升至排液口排入罐内。

除气器安装在振动筛后的循环罐上，设备和管线应固定牢固，排气管线应接出罐区，出口距离除气器至少 15m。

第二节 钻井液液面监测装置

钻井液液面监测装置按照其监测液面的方式与位置不同，主要分为两种类型：一种是钻井液循环罐液面监测装置，另一种是井筒液面监控装置。

一、循环罐液面监测装置

循环罐液面监测装置是一种测量循环罐内钻井液体积的仪器，主要对循环罐的钻井液液面进行监测，通过循环罐内钻井液体积的变化发现溢流、井漏等异常显示并报警。

循环罐液面监测装置主要由超声波液位传感器（图 14-3）、控制器、电子显示屏 3 部分组成。超声波液位传感器是循环罐液面检测的主要单元，按照现场钻井液循环罐的数量配备。其检测原理是由传感器探头发射一系列超声波脉冲，超声波脉冲遇到钻井液液面后返回被传

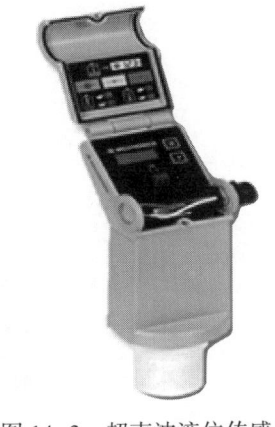

图 14-3 超声波液位传感器

感器接收，计算发射声波和接收声波的时间，再乘以空气中的声波速度，计算出距离并转变为电流输出，传感器内集成滤波装置，可排除电波噪声、搅拌器桨叶噪声等各种假回波。

超声波液位传感器安装在钻井液循环罐的罐面上，安装时应垂直于测量的液面并且探头与液面间无障碍，探头高度应距离罐面至少25cm。

循环罐液面监测装置主要的功能包括：

（1）监测各钻井液循环罐内液面的变化。根据安装于各钻井液循环罐的超声波传感器反馈的信号，实时显示各罐液面高度，通过液面高度变化显示体积变化。

（2）各钻井液循环罐液面的报警。根据设定的各钻井液循环罐报警上限和报警下限，实时对钻井液循环罐液面高度进行监控。当液面高于上限或低于下限时，报警提示。

（3）钻井液总量的累计。根据液面高度不同，监测装置自动计算出当前各个钻井液循环罐内钻井液体积，并进行累加和显示。

二、井筒液面监测装置

井筒液面监测装置是一种可以监测井筒内液面高度的仪器，主要用于监测钻井发生失返性漏失后井筒环空液面高度变化情况，监测结果可通过有线或无线的方式传到计算机数据管理系统中。

井筒液面监测装置主要由井口发声装置、采集器总成、处理与显示总成、气瓶总成等部件组成，如图14-4所示。

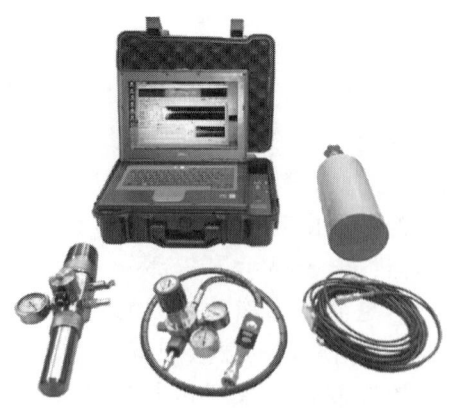

图14-4　井筒液面监测装置

第十四章　井控辅助设备

该仪器基于声波反射原理，由井口发声装置发射声波脉冲在遇到液面后产生反射波，利用测得声波的反射时间自动计算井筒内钻井液液面到井口的距离。在实际使用中，也可根据采集的波形曲线，识别出曲线起始位置、钻具接箍位置和液面位置，通过钻具接箍数量与钻具平均长度计算出相应的深度。

井口发声装置可安装在压井管汇的压力表三通上或钻井四通侧通道的专用接口上。在关井状态下，首先将井口发声装置通往井筒的所有阀门全部打开，为保证测试效果，在条件允许的情况下尽可能关闭其余所有阀门。然后缓慢打开气瓶阀门，调节减压阀的调压手柄将气瓶输出压力调节到所需压力值，钻井液液面越浅，气瓶输出压力越低，反之输出压力就越高，在保证能测试到液面的前提下，气瓶输出压力越低越好。

第三节　灌注钻井液装置

灌注钻井液装置是起下钻过程中最可靠的测量设备。灌注钻井液装置中的灌浆罐（也称为计量罐）容积通常为 $1.6 \sim 6.4 m^3$，不应超过 $20 m^3$。灌浆罐安装液面标尺或超声波探测仪等直读监测报警装置精度不低于 $0.2 m^3$。起钻时，当灌浆罐内钻井液灌入井内后，再从循环罐内向其补充钻井液。这样就可以实现对灌入量的双重监测。

现场常用的最为简单的方法是人工操作进行灌浆，使用一个离心泵把钻井液从灌浆罐内泵入井里，井内灌满后，溢出的钻井液再返回灌浆罐。这种罐可以连续向井内进行灌注，而且罐可以放置在地面上，方便安装，也可以将循环罐单独隔离出一个舱室，用作灌浆罐。起下钻时，为准确地测量灌入或返出的钻井液量，要求井筒返出的钻井液应直接进入灌浆罐。

一、重力灌注式

重力式灌注装置是一种简单的灌注装置，灌浆罐安装在井口附近的较高位置，起钻时当井内液面下降后，打开注入阀，灌浆罐中的钻井液借助其出口高于井口，在重力作用下注入井内，保持井内液面高度。当井眼灌满钻井液时关闭注入阀，记录使用的钻井液量。

二、强制灌注式

强制式灌注装置由单独的补给灌浆罐、补给泵(司钻和钻井液工两地控制)、超声波液位计(司钻和钻井液工两地监视,显示钻井液体积)、立于钻台上的司钻直读式标尺等组成。能计量起钻时的灌注量和下钻时的返出量。

三、自动灌注式

自动灌注钻井液装置由液流传感器(流量传感器)、电控柜、显示箱和灌注系统等组成,如图14-5所示。其工作原理是:安装在高架槽上的液流传感器把井筒液流信号转化为电信号输至电控柜中,由电子控制系统指挥灌注系统,按预定时间向井内灌注钻井液并能自动计量和自动停灌,以及预报溢流和井漏。

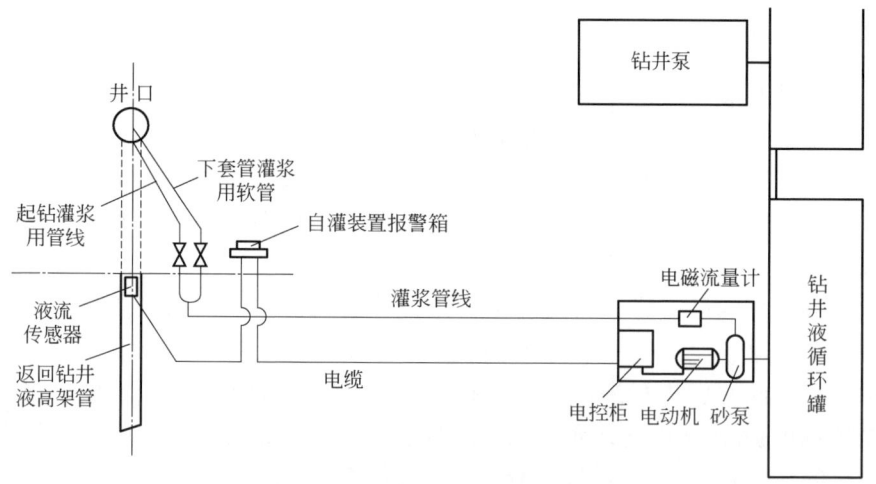

图14-5　自动灌注钻井液装置示意图

自动灌注钻井液装置能实现:定时定量自动灌注钻井液作业;对井涌、井漏等异常情况进行监测报警;对灌注钻井液瞬时排量、累计流量进行记录和显示。

液流传感器将井筒灌满情况、溢流情况及井漏情况用电信号传输至钻台上的自动灌注装置报警箱。自灌装置报警箱面板上装有显示电源、灌注、溢流、井漏4个不同颜色的指示灯及音响报警器,向操作人员显示灌注情况与

第十四章 井控辅助设备

报警。电控柜与砂泵安装在钻井液循环罐附近，电控柜用来调定灌注间隔定时、溢流定时、井漏定时、音响时限等工作参数。

自动灌注钻井液装置有强制人工灌注保障措施，确保在自动功能失效时，可用人工完成钻井液灌注作业。

第四节 远程点火装置

在处理气体溢流的过程中，要使用液气分离器将混合在钻井液中的天然气进行分离处理，从分离器出来的天然气要用排气管线引出井场一定距离烧掉；放喷管线放喷泄压时放出的钻井液混有大量天然气时同样要烧掉。远程点火装置就是为解决天然气的远程点火问题而设计的。远程点火装置分为放喷管线点火装置和分离器点火装置。点火方式有采用液化气作为引火介质的电子点火与等离子自动点火等。

一、远程点火装置的结构

1. 放喷管线点火装置

1）液化气点火装置

放喷管线的液化气点火装置主要由燃烧筒、引火筒、电子点火棒、高压包、遥控器、液化气气瓶等组成，如图14-6所示。

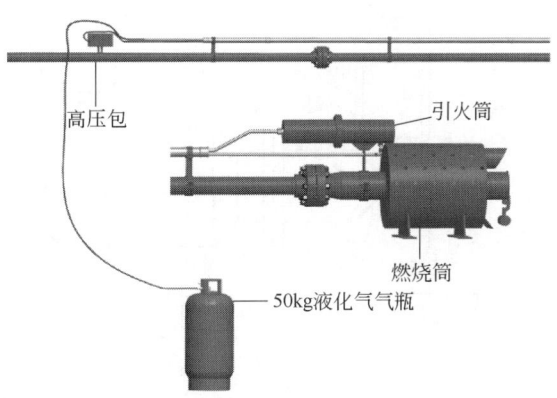

图14-6 放喷管线液化气点火装置示意图

2）等离子自动点火装置

放喷管线的等离子自动点火装置主要由点火控制柜、高压发生器、火焰监测仪、等离子高能点火杆、三级引火燃烧器等组成，如图14-7所示。

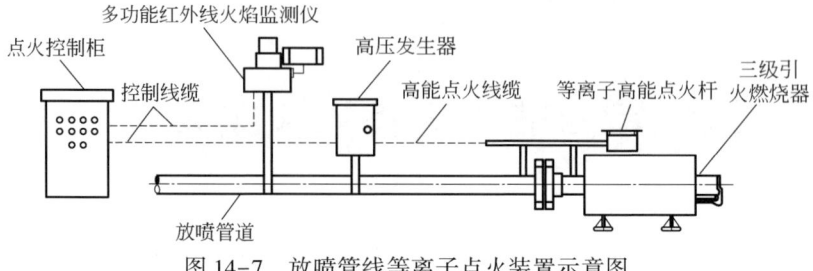

图14-7　放喷管线等离子点火装置示意图

2. 分离器点火装置

1）液化气点火装置

分离器的液化气点火装置主要由点火棒、点火装置、点火控制器、引火管、防回火阀、液化气气瓶等组成，如图14-8所示。

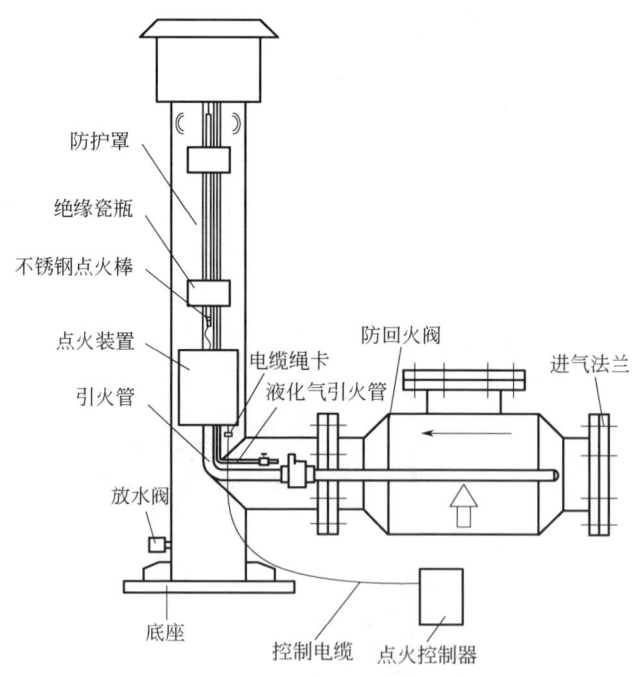

图14-8　分离器液化气点火装置示意图

第十四章 井控辅助设备

2) 等离子自动点火装置

分离器的等离子自动点火装置主要由点火控制柜、高压发生器、火焰监测仪、等离子高能点火杆、放空火炬等组成,如图 14-9 所示。

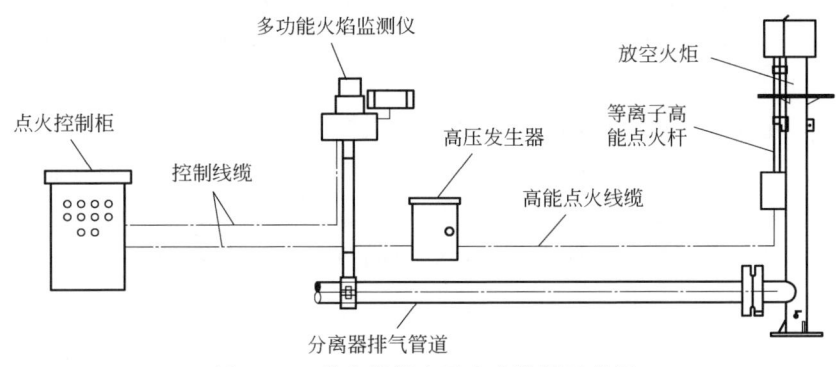

图 14-9 分离器等离子点火装置示意图

二、远程点火装置的点火操作

当在油气层中钻进的时候,每班须进行一次点火试验,以检查点火器的状态。

1. 使用液化气点火装置操作

(1) 按下点火控制器开关,打开液化气瓶开关,几秒钟后,引出的液化气被点燃。火炬点燃后可松开点火开关按钮,停止点火。

(2) 火炬可能会出现熄火状态,这时重复第一步骤点燃火炬。

2. 使用等离子自动点火装置操作

(1) 将点火控制柜操作面板上的开关扳至"开"位,再按下"点火"按钮,点火装置就能自动点火,火焰监测仪监测到火焰时,点火装置会自动关闭点火。

(2) 当火焰熄灭,火焰监测仪监测到后会自动开启点火装置,无须人员干预。

(3) 自动点火装置具有蓄电池供电和交流供电两种供电方式。有交流供电时,点火装置会自动优先选用交流供电,如果交流断电,点火装置会自动切换到蓄电池直流供电模式。

三、远程点火装置的现场维护

当现场安装调试后,钻井队必须定岗,并有专人对设备进行例行的检查:

(1) 设备投入使用后,每天试点火 1 次,进入油气层后,每班试点火 1 次。

(2) 定期清理点火棒挡板或等离子点火杆,以保证点火的成功率。

(3) 每班检查点火控制箱(柜)内的蓄电器的存电情况,电压低于规定值或欠压红灯亮就应立即充电补充,可在充电的情况下进行点火操作。

(4) 远程点火装置长期不用或回收拆除时,要切断设备电源。

第十五章 井控设备的安装、试压与维护

第一节 井控设备的安装要求

一、防喷器的安装要求

（1）闸板防喷器壳体上的侧孔朝向井架大门方向，环形防喷器的液控油路接口朝向井架后大门。

（2）防喷器顶部安装防溢管时，防溢管与防喷器之间应采用法兰与密封垫环进行密封，栽丝连接时不用的螺孔用丝堵堵住；防溢管的内径应比所用套管内径加大一级，管内不应有台阶；防溢管上的钻井液灌注管线要低于返出管线。

（3）具有手动锁紧装置的闸板防喷器应安装手动操作杆，靠手轮端应支撑牢固，操作杆中心线与锁紧轴之间的夹角不大于30°，挂牌标明开关方向和圈数；对无法正常接出底座的，可采用万向节将手动锁紧杆手轮接出底座，并应转动灵活；手轮离地面高度超过1.6m时，应安装便于操作的平台。

（4）防喷器组每次安装完毕后，应校正井口、转盘及天车中心，其偏差不大于10mm。用直径16mm的钢丝绳在井架底座的对角线上将防喷器绷紧固定。

（5）防溢管处应装挡泥伞，其尺寸应能覆盖井口防喷器组及紧靠四通两侧的平板阀，以保证防喷器组及四通两侧平板阀的清洁。

（6）防喷器组安装完成后，测量并绘制井口装置安装示意图，标注各闸板距转盘面的垂直距离；在司钻操作室、司钻控制台及辅助控制台等处张贴安装示意图。

二、防喷管线的安装要求

（1）防喷管线应使用专用管线并采用标准法兰连接，压力等级与防喷器压力等级相匹配。

（2）防喷管线及闸阀通径不小于78mm。

（3）额定工作压力大于35MPa的防喷管线要采用钢制管线，防喷管线不允许现场焊接。

（4）防喷管线长度超过7m应采用基墩在中间进行固定牢靠。

（5）紧靠四通的手动平板阀应处于常开状态，所有闸阀要编号挂牌，标明开关状态。

三、节流与压井管汇的安装要求

（1）节流与压井管汇安装在平整的地面上。在丛式井上，使用带有底座高度可调节的节流与压井管汇。

（2）节流管汇的五通上安装三通压力表座，安装高、低量程抗震压力表；压力表垂直安装，表盘朝向手动节流阀，在待命状态下，低量程压力表的截止阀处于关位，高量程压力表截止阀处于开位。

（3）节流压井管汇上的各闸阀要编号挂牌，标明开关状态。

（4）在节流管汇处放置关井压力提示牌，同时将关井压力提示牌内容打印张贴在节流控制箱箱盖内侧。

（5）节流控制箱摆放在钻台上靠立管一侧，节流阀阀位处于3/8~1/2的开度，气源压力为0.6~1.0MPa。

（6）冬季施工时，节流与压井管汇需采取防堵、防冻措施，保证闸阀灵活可靠、管线畅通。

四、放喷管线的安装要求

（1）放喷管线的安装、固定、试压应在二开前完成。

（2）管线应使用标准法兰连接的专用管线，不应现场焊接，其通径不小于78mm。

（3）一般情况下至少安装两条放喷管线；预探井、评价井、气井、含硫油气井和地层压力大于35MPa的井，主、副放喷管线长度应一致；对于未接副放喷管线的井，应配备相应长度的放喷管线和固定基墩，在需要时可以随时连接。

（4）管线出口应接至距井口75m以上的安全地带，含硫油气井的放喷管线出口应接至距井口100m以上的安全地带，相距各种设施不小于50m。

（5）放喷管线一般情况下向井场两侧平直引出，如因地形限制需转弯时，应使用夹角不小于120°的铸（锻）钢弯头或90°耐冲蚀弯头，同时布局要考虑当地季节风向、道路、油罐区、电力线及各种设施等情况。

（6）放喷管线低洼处应安装排污阀，排污阀的压力等级与放喷管线的额定压力等级一致。

（7）管线连接法兰应露出地面，管线车辆跨越处应装过桥盖板。

（8）放喷管线出口采用双压板固定，同时应安装燃烧筒；燃烧筒法兰距最后一个固定压板不超过1m，燃烧筒出口应居中正对挡火墙主墙；连接燃烧筒的法兰盘进入燃烧池不超过1m。

（9）放喷管线每隔10~15m及转弯处两端、出口处用水泥基墩和地脚螺栓加压板固定，两条管线走向一致时，应保持间距大于0.3m，并分别固定；管线悬空跨度超过10m时，中间应支撑固定，其悬空两端也应在地面固定。

（10）水泥基墩坑的长×宽×深尺寸为0.8m×0.8m×1.0m，遇地表松软时，基墩坑体积应大于1.2m^3。

（11）三高油气井及风险探井应安装双四通和四条放喷管线，放喷管线向井场左右两侧平直接出150m以远。

五、控制装置的安装要求

（1）远程控制台安装在面对井架大门左侧、距井口不少于25m的专用活动房内，周围留有宽度不小于2m的人行通道，周围10m内不应堆放易燃、易爆、腐蚀物品；专用活动房前门朝向井前场，后门处常闭状态；对于三高油气井以及风险探井，远程控制台应距离井口不少于30m。

（2）控制管汇安放并固定在管排架内，管排架与放喷管线距离不小于1m，车辆跨越处应装过桥盖板，不应在管排架上堆放杂物和以其作为电焊接地线或在其上面进行焊割作业。

（3）总气源应与司钻控制台气源分开连接，不应强行弯曲和压折气管线，气源压力保持在 0.65~0.8MPa。

(4) 电源应从总配电板处直接引出，用单独的开关控制，并有标识。

(5) 控制装置蓄能器未充油前，液压油油面距油箱顶面 200mm；处于待命时，液压油油面不低于标尺下限位置。

(6) 蓄能器压力为 18.5~21MPa，汇流管压力为 10.5MPa，环形防喷器压力为 10.5MPa，并始终处于工作压力状态。

(7) 各控制阀的操作手柄应处于与控制对象工作状态相一致的位置，控制环形防喷器的三位四通转阀手柄处于中位；控制剪切闸板的三位四通转阀应安装防误操作的防护罩和锁定销；控制全封闸板的三位四通转阀应安装防误操作的防护罩。

(8) 半封闸板防喷器的控制液路上安装防提断装置，其气路与防碰天车气路并联。

(9) 液控管线安装前应逐根检查，确保畅通，所有管线应整齐排放；拆除控制系统时，防喷器液压管线接口应用堵头堵好，气管缆接口应包装密封好。

(10) 远程控制台液压管线备用接口应使用金属堵头封堵，管排架备用液压管线应连接，两端备用接口应戴上保护盖。

(11) 三高油气井及风险探井等，远程控制台与防喷器连接的液控管线应从井架底座下部的水泥基础预留孔中穿越。

六、液气分离器的安装要求

(1) 液气分离器垂直安装在平整地面或专用基础上，至少用均匀分布的 3 根不小于 16mm 的钢丝绳绷紧固定。

(2) 液气分离器进液管线通径不小于 78mm，进液管线应用基墩支撑固定，拐角处设置基墩，弯头前后固定；使用耐火软管时应使用保险绳或安全链固定。

(3) 液气分离器 U 形管高度不小于 3m，排液管线出口在罐体高度 1/3 处，应导入振动筛前的分液槽内，固定牢固。

(4) 排气管线接出距井口 50m 以上有点火条件的安全地带，距离放喷管线不小于 1.5m，排气管线每隔 15~20m 用基墩支撑固定；排气管线的排污阀应设置在主管线的低点位置；含硫油气井排气管线接出距井口 75m 以上的安全地带，相距各种设施不小于 50m。

第十五章 井控设备的安装、试压与维护

（5）排气管线出口端应安装防回火装置；液气分离器点火装置及管线的安装、固定应在二开前完成，并确保点火装置可靠；预探井、气井、含硫油气井应安装自动点火装置。

（6）压力表表盘安装方向应与井架正面一致，垂直安装。

（7）安全阀出口方向应与主放喷管线出口方向一致，安全阀的出口不应连接管线。

（8）排污管线应保证所排液体能顺利进入排污池。

（9）所有手动控制阀门（包括管线排污阀）标明开关状态。

（10）对于低温地区，应对液气分离器进液管线、排污阀进行防冻保温。

第二节　井控设备的试压

一、试压值

在井控车间，闸板防喷器做 1.4~2.1MPa 的低压试验；环形防喷器（封闭钻杆）、闸板防喷器、钻井四通、防喷管线、内防喷工具和压井管汇等进行额定工作压力试压；节流管汇按各控制元件的额定工作压力分别试压。

在钻井现场，表层套管固井后，在不超过表层套管抗内压强度的 80% 的前提下，或技术套管和油层套管固井后，在不超过对应套管头上法兰额定工作压力的前提下，环形防喷器封闭钻杆试压到额定工作压力的 70%，闸板防喷器、防喷管线、压井管汇按额定工作压力试压，节流管汇按各控制元件的额定工作压力分级试压。

放喷管线密封试压不低于 10MPa。

控制装置现场安装调试完成后，对各液控管线进行 21MPa 压力检验，环形防喷器液控管路只进行 10.5MPa 压力检验。

二、试压规则

试压介质除防喷器控制装置采用液压油试压外，其余均为清水，寒冷地区冬季可加防冻液体。内防喷工具试压稳压时间不少于 5min，其他井控装置

试压稳压时间不少于 10min，低压试验压降不大于 0.07MPa，高压试压的压降不大于 0.7MPa，密封部位无渗漏。

井控车间检修好的井控设备试压周期不应超过 6 个月。钻井现场在用的井控设备试压周期应符合相关标准或当地油田的钻井井控实施细则要求，API 标准为不超过 21 天。

三、试压注意事项

（1）试压时应先试低压，再试高压。井控设备现场安装完成后，国内一般不试低压。

（2）闸阀试压时，其下游的闸阀必须处于开位，确保试压闸阀后的通道畅通。

（3）用试压塞进行防喷器试压时，应打开套管本体侧通道的闸阀，防止环空憋压损坏套管。

（4）变径闸板要对在用各尺寸钻具分别进行试压，但不包括钻铤和井下工具。

第三节　井控设备橡胶密封件的存放

储存条件对井控设备橡胶密封件的寿命有很大影响，如环形防喷器胶芯、闸板胶芯、蓄能器胶囊及其他橡胶密封圈等，所有橡胶件都应按下列规定合理存放：

（1）必须存放在光线较暗且干燥的室内，宜在温度范围 5~25℃、相对湿度 65% 以下的环境中储存，应避免阳光直射、雨雪浸淋。橡胶密封件至少距离热源 2m 以上。

（2）不得与酸、碱、油脂和有机溶剂等物质接触，避免与具有强紫外线的光源、辐射和臭氧接触。

（3）橡胶件应远离电焊机等高压带电设备，因为这些设备工作时可能产生臭氧。

（4）应使橡胶件在松弛状态下存放，不能弯扭、挤压和直接用细绳、铁丝等穿拴悬挂。

第十五章　井控设备的安装、试压与维护

（5）在10℃以下的低温搬运时，应小心轻放，避免橡胶件受损或变形。

（6）经常对胶芯进行检查，如发现有变脆、龟裂、弯曲等现象时，不可再使用。

（7）如果橡胶件必须长时间存放，则可考虑放在密封环境中，但不能超过橡胶失效期，原则上库存时间不超2年。

第十六章 井喷失控现场应急知识

井喷失控通常指发生井喷后，无法用井控设备进行有效控制而出现井口敞喷、甚至着火的现象。井喷失控形式包括：防喷器无法关闭井口或防喷器刺漏、爆裂、套管头刺漏、钻井四通刺漏、钻具内防喷工具失效、井口内控防喷管线刺漏或爆裂、底法兰下的套管刺漏等。

第一节 现场应急措施

发生井喷失控后，钻井队现场应立即采取应急措施，避免事故扩大化，主要措施包括以下几个。

一、严防着火

（1）井喷失控后应立即停机、停车、停炉，关闭井架、钻台、机泵房等处全部照明灯和电气设备的电源，必要时打开专用防爆探照灯。

（2）熄灭火源，设立警戒区并组织警戒。

（3）将现场的氧气瓶、乙炔发生器、油罐等易燃易爆物品撤离危险区。

（4）迅速做好储水、供水工作，并尽快由压井管汇向井口注水防火或用消防水枪向油气喷流，向井口周围设备大量喷水降温，保护井口装置，防止着火或事故继续恶化。

二、汇报与疏散

（1）立即向上一级主管单位或有关部门汇报，并立即按应急程序向当地政府和安全生产监督部门报告。

第十六章　井喷失控现场应急知识

（2）协助当地政府做好井口 500m 范围内居民的疏散工作。

三、划分警戒区

（1）设置观察点，定时取样，测定井场各处天然气、硫化氢和二氧化碳的含量，划分安全范围。

（2）在警戒线以内，严禁一切火源。

（3）根据监测情况决定是否扩大撤离范围。

四、紧急点火

在设计中地层流体硫化氢浓度在 $30g/m^3$ 及以上的高含硫化氢天然气井，当井口失控时，应做好井口点火措施。

（1）点火条件：井口失控短时间无法控制，距井口 100m 范围内环境中的硫化氢 3min 内平均检测浓度达到 $150mg/m^3$，井口点火决策人应在 15min 内下令实施井口点火。若井场周边 1.5km 范围内无常住居民，现场作业人员可采取措施进行抢救，可适当延长点火时间。

（2）点火决策人：点火决策人为甲方的现场代表或甲方的委托人。

（3）点火岗位及点火人：油气田企业在井控实施细则中、甲方及乙方在本企业井喷突发事件应急预案中均应明确点火岗位，基层现场应急处理预案中应明确点火人。

对于其他含硫井的井口失控情况下的点火要求由企业结合实际做出相应规定。

第二节　井喷失控的应急抢险基本步骤

根据井喷突发事件应急预案成立现场抢险指挥组，现场抢险指挥组根据井喷失控状况制定抢险方案，统一指挥、组织和协调抢险工作。

一、井口装置完好时井喷失控的处理

（1）检查防喷器及井控管汇的密封和固定情况，确定井口装置的最高承

压值。

(2) 检查方钻杆上下旋塞阀的密封情况。

(3) 井内有钻具时，要采取防止钻具上顶的措施。

(4) 按规定和指令动用机动设备、发电机及电焊、气焊；对油罐、氧气瓶、乙炔发生器等易燃易爆物采取安全保护措施。

(5) 迅速组织压井液，压井液密度根据邻近井地质、测试等资料和油、气、水喷出总量以及放喷压力等来确定，其准备量应至少为井筒容积的2~3倍。

(6) 当具备压井条件时，采取相应的压井方法进行压井作业。

(7) 对具备投产条件的井，经批准可坐钻杆挂以原钻具完钻。

二、井口装置损坏时井喷失控或着火的处理

1. 保护井口

(1) 对井场的易燃易爆物品进行清理，消除危险源。

(2) 采取密集水流或其他方法对井口强行冷却。

2. 清障

(1) 在失控井的井场和井口周围清理抢险通道，要清除可能因其歪斜、倒塌而妨碍进行处理工作的障碍物（如转盘、转盘大梁、防溢管、钻具、垮塌的井架等），充分暴露并对井口装置进行可能的保护。

(2) 对于着火井应在灭火前按照先易后难、先外后内、先上后下、逐段切割的原则，采取火焰切割或水力喷砂切割等办法带火清障。

(3) 清理工作要根据地理条件、风向，在消防水枪喷射水幕的保护下进行。

(4) 未着火井要严防着火，清障时要大量喷水，井口附近作业时，应使用防爆工具。

3. 灭火

若需对着火的井口灭火时，可以采用密集水流法、突然改变喷流方向法、空中爆炸法、液态或固态快速灭火剂综合灭火法以及打救援井等方法扑灭不同程度的油气井大火；密集水流法是其余几种灭火方法须同时采用的基本方法。

4. 带火切割井口

若套管头（底法兰）完好，则从套管头（底法兰）上钻井四通或升高短

第十六章 井喷失控现场应急知识

节的下颈部切割；若套管头（底法兰）损坏，则从套管头下端套管切割。具体步骤如下：

(1) 冷却掩护抢险机具和切割装置。
(2) 操作抢险机具，将切割装置对准切割部位。
(3) 调整砂比、排量、压力等切割参数。
(4) 保持切割喷嘴平稳移动，观察切割情况，调整切割速度。
(5) 切割完，撤离切割装置，移除切割下的设备。

5. 带火拆除残留法兰

(1) 冷却掩护抢险机具。
(2) 操作抢险机具，将引火筒罩在残留法兰上，使喷流向上。
(3) 安装残留法兰卡紧装置。
(4) 拆除残留法兰连接螺栓。
(5) 撤离抢险人员。
(6) 上提引火筒。
(7) 移除残留法兰。

6. 带火安装新井口

有套管头（底法兰）且完好时，井口可以直接安装防喷器组：
(1) 将防喷器组安装在抢险机具上。
(2) 冷却掩护抢险机具和防喷器组。
(3) 操作抢险机具，将防喷器组法兰与套管头法兰对正、螺孔对齐。
(4) 连接套管头法兰与防喷器组法兰。

无套管头（底法兰）时，井口可以直接安装套管头及防喷器组：
(1) 将防喷器组安装在抢险机具上。
(2) 冷却掩护抢险机具。
(3) 操作抢险机具，将引火筒罩在井口上，使喷流向上。
(4) 安装抢险套管头。
(5) 移开引火筒。
(6) 冷却掩护抢险机具和防喷器组。
(7) 操作抢险机具，将防喷器法兰与抢险套管头法兰对正、螺孔对齐。
(8) 连接抢险套管头法兰与防喷器法兰连接螺栓。

7. 控制井口

接好防喷器液控管线、节流及压井管汇、放喷管线后，打开放喷阀，关

闭全封闸板防喷器，试关井。

8. 压井

（1）根据现场的实际情况，制定可行的压井方案。

（2）在产层孔隙度好、流动阻力小、井口承压能力较大，且上部裸露地层压井时不易破裂的情况下，可采用压回法压井。

（3）不具备压回法压井条件时，可采用置换法压井。

三、抢险中的注意事项

（1）施工井井喷失控后，周围500m范围内的注水井、注气（汽）井要停注泄压。

（2）在抢险作业过程中，不应有两种或两种以上互相影响的作业同时进行；清障、拆换井口装置、灭火及压井等关键性作业，尽量不在夜间或雷雨天进行。

（3）原井口装置拆除和新井口装置安装作业时，要尽可能远距离操作，尽量减少井口周围作业人数，缩短作业时间，消除着火的可能。

（4）井喷失控着火，在灭火后要考虑有毒有害气体、高压流体、复燃等因素对人身造成的伤害。

（5）对事故现场和周边高危场所、公共设施进行有毒有害、可燃气体检测，确认安全后，作业人员和居民才能返回现场或住所。

附录　常用公英制单位换算

长度

1 英尺（ft）= 0.3048 米（m）= 30.48 厘米（cm）

1 英寸（in）= 0.0254 米（m）= 25.4 毫米（mm）

面积

1 英尺^2（ft^2）= 9.2903×10^{-2} 米^2（m^2）

1 英寸^2（in^2）= 6.4516×10^{-4} 米^2（m^2）

质量

1 磅（lb）= 0.4536 千克（kg）

1 吨（t）= 1000 千克（kg）

压力

1 帕（Pa）= 1 牛/米^2（N/m^2）

1 千帕（kPa）= 1000 帕（Pa）

1 兆帕（MPa）= 1000 千帕（kPa）= 1×10^6 帕（Pa）

1 磅力/英寸^2（psi）= 6.895×10^{-3} 兆帕（MPa）= 6.895 千帕（kPa）

1 巴（bar）= 1×10^5 帕（Pa）= 0.1 兆帕（MPa）= 100 千帕（kPa）

1 巴（bar）= 14.5 磅力/英寸^2（psi）

密度

1 克/厘米^3（g/cm^3）= 8.33 磅/加仑（ppg）

1 克/厘米^3（g/cm^3）= 1×10^3 千克/米^3（kg/m^3）

体积

1 米^3（m^3）= 1000 升（L）= 6.290 桶（bbl）（美）

1 桶（bbl）（美）= 42 加仑（gal）（美）= 0.159 米^3（m^3）

1 加仑（gal）（美）= 3.785 升（L）

1 加仑（gal）（英）= 4.546 升（L）

参 考 文 献

[1] 《石油天然气钻井井控》编写组. 石油天然气钻井井控 [M]. 北京：石油工业出版社，2008.

[2] 孙振纯，夏月泉，徐明辉. 井控技术 [M]. 北京：石油工业出版社，1997.

[3] 孙振纯，王守谦，徐明辉. 井控设备 [M]. 北京：石油工业出版社，1997.

[4] 《钻井手册》编写组. 钻井手册 [M]. 2版. 北京：石油工业出版社，2013.

[5] 王华. 井控装置实用手册 [M]. 北京：石油工业出版社，2008.

[6] 《石油天然气钻井相关专业井控技术》编委会. 石油天然气钻井相关专业井控技术 [M]. 北京：石油工业出版社，2019.